先生教你写文章

文章修养

唐弢 著

北京出版集团
北京教育出版社

图书在版编目(CIP)数据

文章修养 / 唐弢著. —北京：北京教育出版社，2014.3

（先生教你写文章）

ISBN 978-7-5522-3426-8

Ⅰ. ①文… Ⅱ. ①唐… Ⅲ. ①汉语—文章学 Ⅳ. ①H15

中国版本图书馆CIP数据核字(2013)第293536号

先生教你写文章

文章修养

唐 弢 著

*

北 京 出 版 集 团
北 京 教 育 出 版 社 出版

（北京北三环中路6号）

邮政编码：100120

网址：www.bph.com.cn

北京出版集团总发行

全国各地书店经销

三河市同力彩印有限公司印刷

*

710×1000　16开本　11.75印张　130千字

2014年3月第1版　2020年11月第2次印刷

ISBN 978-7-5522-3426-8

定价：23.80元

质量监督电话：(010)58572393，62698883，58572750　购书电话：(010)58572909

出版说明

语文是我国基础教育最基本的必修科目，起着培养基础语言文字能力和熏陶人文精神的作用。而作文又是语文这一科目的重中之重，写好作文不仅仅是应试之需，更是立己立人之需。陶冶情操、传承人文是作文的内在要求。

“先生教你写文章”丛书与市面一般作文图书的最大不同在于，本套丛书收录了二十本垂范后世的教育大家关于作文写作的经典著作（个别文字有修改）。

最好的老师——遍览世纪大家风采

本丛书包括如下作者：梁启超、夏丏尊、胡怀琛、高语罕、刘半农、蒋伯潜、叶圣陶、孙俍工、阮真、朱光潜、朱自清、章衣萍、谭正璧、孙起孟、沐绍良、唐弢、张志公、朱德熙等。他们亲历三千年未有之大变局，在前所未有的文化嬗变中，既葆有旧时代的文脉，学问周正一流，又兼有新时代的精神，开拓创新，视野宽阔，能吸收西方的先进理念。他们的著作兼具传统与现代汉语的内在之美，都是典范传世之作。他们的为人与为文影响、滋养了几代中国人。

这些教育大家确立了现代中国白话文写作的典范，如：梁启超先生的文章明白畅达，在当时受到一代青年学子的追捧；朱光潜先生的文章深入浅出，讲解生动；朱自清先生的散文优美清丽，早已是中国散文史上的经典之作。

这些教育大家亦是中国现代汉语规范的创立者和语文教育的真正开创者：如张志公先生提出了“汉语辞章学”的概念，初步构拟出汉语辞章学的理论框架；又如汉语语法学界的语言学大师朱德熙先生，是一位富于开创精神的杰出学者，在语法研究上以其独特的语法思想与科学的分析方法，深入地研究汉语语法现象，奠定了汉语描写语法的基础。

最好的指导——倾心传授写作之道

本套丛书凝聚了数代学界名流的学术成果和研究心血。语文教育大家叶圣陶先生从写什么、怎样写、文章句子的具体安排、文章中的会话一直到文章的静态与动态，都一一详述；夏丏尊先生从阅读到写作的论述语言生动，见解独到，举一反三；梁启超先生对于作文之法则、规矩的讲论，语言畅达，并富有说服力，全面阐述了各类文体所应遵循的规则，以及提高写作水平的方法；朱光潜先生以深厚的学术涵养，从理论高度来谈论写作，文章深入浅出，语言平易近人，让读者在美学照应之下得到关于写作的内在之道；朱自清先生对于写作有自己独特的见解，认为“思想、谈话、演说、作文，这四步一步比一步难，一步比一步需要更多的条理”，推崇“多看、多朗读、多习作”；朱德熙先生从主题、结构、表现、词汇、句子、标点等六方面阐述写作之道，每章之后附有习题，举例丰富，说明切实具体，体现着朱德熙先生关于中学语法教学的先进理念……这些论述在当时对于提高中学生的写作能力裨益甚多，我们相信，对于当下中学生的写作同样具有极大好处，对提高中学语文教学质量一定也具有重要的指导作用。

虽然历史已往，时代在变，但是传统文化中那些熠熠闪光的精华永远不会被埋没。

我们希望通过本套“先生教你写文章”丛书让读者朋友从中领悟文章写作一脉相承和推陈出新的道理，给现代作文教育一个新的思考方向，也希望能帮助中学语文教师更好地指导学生学习写作，更希望广大青少年读者，尤其是在校中学生可以通过这套丛书更深刻地理解写作的内在精要，真正掌握写作规律，从而提高写作能力。

先生之诚，作文之道，尽在于此。

2014年3月

本书说明

《文章修养》是唐弢先生在二十七岁时写就的，是作为青年的课外读物。本书是巴金先生主编的丛书之一，于1939年由文化生活出版社出版。唐弢先生的目的就是开门见山地谈文章以指导青年写作，并使他们得到一定的益处。原书分为十四篇，先讲对文章的认识，作为上编；后谈文章的写法，作为下编。此书是唐弢先生第一次较为全面地揭示与剖析了关于文章本体的原理与问题，从题材、主题、文体、结构、语言、修辞、文气等方面对文章本体展开了研究，奠定了他在文章学史上崇高地位。

序

（一）

对于语文，我是一个门外汉。但因为当过中学国文教员，平日又弄弄文艺，书店就把写这本书的约定，推到我的头上来，我当时随口答应，一写，这才知道并不是一件轻易的工作。要弄得好，参考探求，非有充分的时间不可。在这激荡的时代里，我又苦于未能闭门潜修，虽承书店一再把限期放宽，但粗率和浅陋的地方，是难免的，也许我自己倒先得被送进文章病院去。

然而我想，虽然出诸病人之口，这所谈的，总还不失为健康之道吧。

在这一部小书里，上编六章，偏于叙述，下编八章，专谈作法。我的企图，是要使读者对文章先有一点认识，然后再从这一点认识出发，来研究写作的方法，这样，不但易于入手，而且也可以把握住问题的中心，不至于说来说去，还是摸不着头脑了。

我知道有些教师在讲书的时候，目不离书本，口不脱道义，是十分严肃的；有些著作家在执笔的时候，出入扬马，吐纳庄骚，也是十分严肃的；我虽然站过讲台，弄过笔头，却自知和他们的距离之远。无论教书写稿，在我都十分随便，只要听者或是读者有兴趣，我总希望因此也可以使他们得到一点益处，开门见山，如此而已。

一九三九年四月　唐弢记

（二）

这是我二十七岁时写的一本小册子。

一九三九年，散文家陆蠡（圣泉）为巴金、吴朗西办的文化生活出版社主编一套丛书，作为青年们的课外读物。陆蠡身材矮小，一目失明，说话口讷，可以说其貌不扬，但他的灵魂是美丽的，他写过许多诗一样漂亮的散文，如《海星》《竹刀》《囚绿记》等，我非常爱读；他为人鲠直，做事认真，沉默寡言，言无不信，这一点尤其使我倾倒。我们因文字之交而开始来往，谈得十分投合。陆蠡约我为丛书写本小册子，不限于文学创作，而要多讲一些普通青年应当注意的语文方面的知识。我不假思索，一口答应了下来。

那时因为生活关系，我在三个学校里讲课，学生要求多讲一些课本以外的材料，手头没有藏书，我天天跑图书馆，在不大有人过问的冷库里找线装书，一点一滴地摘录。偏偏家里又有病人需要照料，提笔时不免分心，因此进度很慢。其时代表陆蠡常来我家的，是翻译家雨田（许粤华），一来慰问病人，二来联系稿子。她是个热情而又能干的人，记得鲁迅先生生前夸奖过她。雨田并不催促我，劝我慢慢写，她告诉我：丛书第一集十二本，每本三四万字，已经约定的有杨刚的《公孙鞅》，朱洗的《一块蛋糕的故事》、汤心豫的《房屋与路》，文学作品有王统照的《游痕》、芦焚的《无名氏》、李健吾的《希伯先生》、巴金的《旅途通讯》等。我的《文章修养》字数多，打算分成两册。这样，我将漫谈文字知识和演变经过的前六章，编成上册，于九月间出版；下册八章，专谈作法和修辞，直到十一月才问世，恰值家庭遭到变故，陆蠡写信给我，我心里只有漠然。

《文章修养》于一九四一年一月印成合订本，接着，太平洋战争爆发，日本宪兵东闯西撞，横行一时，文化生活出版社的存书全部都被抄没，陆蠡也遭扣留。一去之后，杳无消息。我曾到处打听，还是没有下落。世界看起来依然是那样平静，安详，苍苍者天，茫茫者地，却从此不见了我们的诗人的踪迹。

一转眼四十年过去了。建国以后，多次有人劝我将《文章修养》改订重印，为了纪念陆蠡，确实有印它一印的必要；但我深恐旧作草率，不合于今天青年的需要。一九七六年，一位在福州的作家对我说，他是读了《文章修养》以后，这才走上创作的道路的；前年，又有一位鲁迅研究者告诉我，他读我的第一本书便是《文章修养》；还有一位新闻记者，从旧书摊里买到《文章修养》的上册，附了一封热情洋溢的信送给我。这些都使我十分感动。但最有意义的是：虽然这些朋友的成功主要出于他们自己的努力，但也从而得到证明，我的这本小书，看来还没有贻误青年。因此，当朋友们提议把它重印，作为辅导读物的时候，我又像[①]当年对待文化生活出版社一样，不假思索，一口答应了下来。

趁着最近因心脏病住院治疗的闲暇，我将原书重读一过，对有些辞句作了修改，觉得许多问题，在书里不曾展开论述，缺点很多；好处是谈知识，谈技术，读起来没有流行的“八股气”，而且现在要我再写这样一部书，恐怕也不大可能了，因为我已经没有这许多参考书。“初生之犊不畏虎”，当年确实不大懂事，斗胆执笔，以文字论，也许自己倒先应当被送进文章病院去。就是修订本也难避免，我在这里向读者深致歉意，并且想重复原书序文里的一句话：“虽然出诸病人之口，这所谈的，总还不失为健康之道吧。”

古人说：“一生一死，乃见交情。”这话我担当不起。值兹《文章修养》修订重印，能与今天的青年见面之间，写这几句，以为故友陆蠡的纪念，我想，或者不是没有意义的吧。

唐　弢

1980 年 4 月 25 日于北京阜外医院

---

① 像：原书为“象”。后同。

目 录

Contents

一　开头语

从前，在给孩子们读的所谓训蒙书中，有一部《神童诗》[1]，顾名思义，当然是一些天才儿童或者是关于天才儿童的作品了，那开卷第一首道：——

天子重英豪，
文章教尔曹，
万般皆下品，
惟有读书高。

“皇恩浩荡”，这算是替读书人捧场的作品，自然，它是具备着麻醉的作用的。自从学制改革以后，学校里不再读《神童诗》了，但年青的朋友们一看见文学家之流，总还是伸长头颈，歆羡不已，仿佛他们真是

❶《神童诗》：北宋年间著名学者汪洙的作品，是一篇影响广泛的启蒙读物。

《文章修养》1939 年初版

在“万般”之上的“英豪”一样，因此对于文学家们卖弄才情时的出品——文章，也总是另眼看待，好像“高”过于农夫的粮谷，工人的器具似的。

我想，这大概就是“右文”的结果了。

但读书人的对于文章的见解，却是并不一样的。譬如曹操的儿子曹丕吧，他在《典论·论文》[1]里，说是“文章经国之大业，不朽之盛事，年寿有时而尽，荣乐止乎其身，二者必至之常期，未若文章之无穷，……”好像比他的皇位和性命还可贵；然而他的弟弟曹植却又反一调，他很看不起文章，在给杨德祖[2]的信里，就这样说：“辞赋小道，固未足以揄扬大义，彰示来世也。昔扬子云先朝执戟之臣，犹称壮夫不为也；吾虽德薄，位为藩侯，犹庶几戮力上国，流惠下民，建永世之业，留金石之功，岂徒以翰墨为勋绩，辞赋为君子哉！”这几乎是对文章咬牙切齿，可以和吴稚晖[3]的“放屁放屁，真正岂有此理！”的文学论相媲美。但有人说，子建实在是违心之论，因为他的文章作得好，在政治上不得志，所以就发起牢骚来了。

这意见是对的。但文章的不被重视，却也并非全由于牢骚。秦汉的经学家招收门徒的时候，“文章之士，不得行束脩[4]之礼”；颜之推[5]在《家训》里，还

❶《典论·论文》：三国时期文学专论，作者曹丕，《典论》是他在建安后期为魏太子时所撰的一部政治、社会、道德、文化论集。

❷ 杨德祖（175–219）：即杨修，东汉末年的文学家。代表作有《节游赋》《神女赋》等。

❸ 吴稚晖（1865–1953）：近代思想家、政治家。

❹ 束脩：古代学生与教师初见面时，必先奉赠礼物，表示敬意，名曰“束脩”。

❺ 颜之推（531–约595）：北朝时期的文学家，其著作《颜氏家训》，在家庭教育发展史上有重要的影响，是北朝后期重要散文作品。

罗列了许多文人的缺点，以为“文章之体，标举兴会，发引性灵，使人矜伐，故忽于持操，果于进取”[1]，要子弟“深宜防虑”。刘挚[2]在训儿孙的时候，也以“士当以器识为先，一号文人，无足观矣”[3]相戒，可见在这一个派系下，是都看不起以词藻见称的文章的。

至于站在曹丕一面，替文章讲好话的例子，却更多。宋朝的黄鲁直[4]说：“数十年来，先生君子，但用文章提奖后生，故华而不实。”自然，这是反对派的意见，但也可见那时候的风气的所在了。

崇尚文章的风气，并非到了宋朝，这才盛行的，其实是古已有之的事情。统治阶级常常把文章当作变戏法时的巾帕：掩盖缺点，粉饰太平。所以在所谓圣明之世，皇帝要录用一班词臣，叫他们逢时逢节，专来作一些歌颂的文章。至于那些词臣呢，恩宠所在，乐于就范；饮水思源，当然把文章的地位越捧越高，载道言志，沽名赢利，终于变成无往而不利的东西了。

然而“年寿有时而尽，荣乐止乎其身”，曹丕派的主张也仍旧很流行。所以魏晋六朝的文人，写好了一部著作，轻易不肯示人，他们背着锸锄，把自己的著作当作宝贝一样，去埋在深山的石窟里，说是要“藏之名山，传诸其人”，留给千百年后的知己。他们大概

❶ 文章的本质，就是揭示兴味，抒发性情，容易使人恃才自夸，因而忽视操守，却勇于进取。

❷ 刘挚（1030—1098）：北宋永静东光人。他撰写的《忠肃集》曾被后人广为流传。

❸ 读书人应当把气量和见识放在首位，一被命名为空疏不学、以之媚俗的文人，此人就不屑一顾了。

❹ 黄鲁直：即黄庭坚（1045—1105），自号山谷道人，宋诗人、词人、书法家。著有《婴香方》《王长者墓志铭稿》《宋卢南诗老史翊正墓志铭稿》等。

是相信不朽说的。

不过无论是毁是誉，通过文人的笔头，文章却还是不断地产生出来，充满了所有的典籍。

为什么大家在应用之外，又都爱写起文章来呢？除了名利的观念外，还有一个最基本的原因，这就是：表现的欲望。

人类大抵都有着表现的欲望，用文字的技巧来实践这种表现的，这就是文章了。因此文章多半是时代的产物，是现实生活里最动人最显明的片段，含有社会的教训的意义。它不仅表现生活，而且还促进生活。人们从现实生活里汲取材料，经过主观的洗炼[1]，这才反映到纸上来，所以，文章的好坏，往往决定于作者的意识和态度。空想固然成不了大事，仅仅把材料堆积起来，也同样算不得文章的。

然而，什么才是锻炼作者的意识和态度的熔炉呢？我将毫不迟疑地回答：生活。

明白了文章和生活的关系，这才不至于把它捧上天空里去招摇，或者放到脚底下来践踏了。正如文学家也是人一样，文章也是人世的产物，我们应该把握的是它的对社会的意义，什么留传一己的声名、败坏个人的德性之类，都是些牛角尖里的高论，仔细想来，

❶ 洗炼：也作“洗练”。净化、锻炼；简练（多指语言、文字、艺术风格等）。

是不值一笑的。

但文章也自有它的力量，高尔基曾经说过这样的话：——

> 一本书——一件这样简单而又亲密的东西——本质底地，是宇宙间伟大而又神秘的奇事之一。有些我们不相识的人，时或讲着一种难懂的语言，于几百里外，在纸上描画了一种点划或是类此的符号的多样的组合，我们把它叫做文字，当我们看着它的时候，我们这些和原书著者本是疏远的陌生人，神秘地了解了一切语言、见解、感觉、想象的意义；我们惊奇于自然风景的描写，欣喜于词句的美丽的节奏、语言的音乐性。激动至于流泪、忿怒、梦想，有时候甚而对着这混杂地印刷着的纸张失声而笑，我们理解了和我们同族的或是异国的精神的生活。在人们向着未来的愉快和权力走去的途中所创造的一切奇迹里，书籍恐怕要算是最为错综而又有力的一种了吧。

这虽然说的是书本，但也可以移给文章的。

因为文章具有着这样的力量，所以人们不但写文章，而且也开始研究起文章的写法来。古之《文心雕龙》[1]、《读书作文谱》[2]，现在的修辞、作法之类，就都是适应这一种需要的。不过现有的书籍，大抵都偏于技巧方面的讨论；我以为要研究一样东西，必需对

[1]《文心雕龙》：中国南朝文学理论家刘勰创作的一部文学理论著作，它是中国文学理论批评史上第一部有严密体系的、“体大而虑周”的文学理论专著。以孔子美学思想为基础，兼采道家思想，全面总结了齐梁时代以前的美学成果，细致地探索和论述了语言文学的审美本质及其创造、鉴赏的美学规律。

[2]《读书作文谱》：作者清代唐彪，生卒年不详，浙江人。《读书作文谱》是他写八股文的经验总结之作。

这东西的本身和纵横各面，先有比较深切的了解，所以在这一部小书里，我就首先腾出一点地位来，对文章的各方面作一番叙述，然后再来讨论作法。我想，这或者不至于徒劳的吧。

听说魏晋之间有一种规矩，一个人如果去拜访名流，见面的时候，先要发一番鸿论。说得中听，主人就会延至上座，待作贵客，如果说得不对，那就要遭到倨傲[1]的待遇，被摈到屋外去。我的这几句开头语，就算作见面礼，但这自然不是“鸿论”，诸君如果以为说得不对，那么[2]，我就先坐到屋外去吧。

倘以为还可以听听，则请花费[3]一点辰光。我将像古代希腊的阿德（Aëde）一样，弹起破碎的竖琴，先来为诸君讲一点古老的故事了。

❶ 倨傲：高傲自大，傲慢；形容（人）具有的一种居功自傲的心理状态。

❷ 那么：原书为“那末”。后同。

❸ 花费：原书为“化费”。后同。

二　从文字到文章

当人类没有文字的时候，因为要表达情意，曾经想过种种方法，起先是用一些足以代表其他意义的实物，譬如送一枝箭给人家，那就是表示要和他打仗；如果是讲和呢，就送过一根烟筒去，因为烟筒是代表和好，而箭却是象征着战争的。后来的绑匪们在恐吓信里缄子弹，朋友们在见面时递纸烟，也正是这意思。不过单是箭、烟筒等等轻便的东西，自然还可以，倘使有一种事情，非用大石柜或是大铁鼎来代表不可，这就无法照办了，请七八个人抬着，送到几十里或是几百里外去么？我想，即使是古人，也还不至于这样愚昧的。而且事实上，复杂的情意，也决不能用简单

★ 当人类没有文字的时候，因为要表达情意，曾经想过种种方法。

的实物来表现，直到以后，终于无法应付，渐渐地有碰壁之势了。

一碰壁，于是就另想别法，结果是采用了结绳。《易经》[1]里说，“上古结绳而治”，就正是这时期。但怎样结法呢？有一件事情，就打一个结，做完了，就解开么，但这不但不能表达情意，就是要备忘，也是很成问题的。打的时候虽容易，但历时既久，结一多，记起来可就困难了。这方法可不行。《九家易》[2]里说，“古者无文字；其有约誓之事，事大，大其绳，事小，小其绳；结之多少，随物众寡，各执以相考，亦足以相治也。”照这说法，结绳只是一种契约，我看也未必尽然的。那么究竟是怎样结法的呢？现在秘鲁的乡间，还存在着一种结绳文字，那方法是用一条极粗的横绳，上面挂满着长短不齐、颜色不同的细绳子，结网似的打起来，每一种打法，就代表一种固定的东西，这作用，就和文字相仿佛。听说东方的琉球也还遗留着这制度。我们的古代的结绳，推想起来，恐怕也是和这差不多的吧。

但结绳的时期，究竟延长了多久呢？这很难说。《易经》是一部很早的书，它也只告诉我们：“上古结绳而治，后世圣人易之以书契，百官以治，万民以察，

❶《易经》：又称《周易》，是一部中国古代研究、占测宇宙万物变易规律的典籍，包括《易经》和《易传》，简称《易》。儒家尊之为首，玄学、道教奉为三玄之一。

❷《九家易》：西汉淮南王刘安聘请擅长《易经》者九人撰《淮南九家易经》，署名《淮南九师书》。刘安，西汉前期人，厉王的长子，喜欢读书，招致宾客方术之士数千人，作《内书》二十一篇，《外书》若干篇，又有《中篇》八卷。

盖取诸夬。”大家根据这段话，以为代替了结绳的，就是书契——文字；但也有人不同意，说是书契并不是文字，仍旧不过是一种契约之类的东西，和文字毫无关系。但我想，无论如何，结绳和“图画文字”，在时间上，决不会距离得很久的。

到这里，我们还是来推测一下文字的起源吧。

每一种对人类文化较有影响的工具，人们对于它的产生，总不免有些近于神话的传说，文字自然也不能例外。《河图玉版》里说：“苍颉为帝，南巡狩，登阳虚之山，临于元扈洛汭之水，灵龟负书，丹甲青文以授。”这是说，文字原是一种天赐的东西。类似的记载还很多，见于《水饰》里的，如：“神龟负八卦出河，授伏牺”、“玄龟衔符出洛水”、“黄龙负图出河”、“尧与舜坐舟于河，凤凰负图，赤龙载图，出河，并授尧”、“龙马衔甲文出河，授舜”、“鲈鱼衔箓图，出翠妫之水，并授黄帝”、“白面长人而鱼身，捧河图授禹，舞而入河”等等，都是有关于文字的产生的传说。自然，神话是总不免于稀奇古怪的，但也并非全无原因，《路史》[1]里说：“苍帝俯察龟文鸟羽，始创文字。”许慎的《说文解字》自序里也说：“黄帝之史仓颉，见鸟兽蹄迒之迹，知分理之可相别异也，初造书契。”可

[1]《路史》：南宋罗泌撰的一部杂史。路史，即大史之意，记述了上古以来有关历史、地理、风俗、氏族等方面的传说和史事，取材繁博庞杂，是神话历史集大成之作。

见其实是古人看了龟背的条纹、鱼的形状、蛇游的痕迹，这才有所领悟，因而造出“图画文字”来。所以在字体上，相传就有龙书、穗书、云书、虫篆、鸟迹篆、鸾凤书、麒麟书、蝌蚪文、仙人书、龟书、蛇书、钟鼎篆、倒薤篆、偃波书、蚊脚书等等的分别，几经传说，复加附会，于是就错成“灵龟负书”“黄龙负图”“鲈鱼衔箓”之类的神话了。但另一方面，恐怕也是因为文字的功效博大，变化繁多，在神权社会里，人们就不敢相信它是出于人力的缘故。

中国的历史是开始于神话的，古有所谓三皇五帝，《纬书》[1] 里说：“三皇无文”，所以有人以为文字是在五帝的时候才有的，但怎样产生的呢？古代的许多学者，大抵相信为苍颉所创造，《荀子》[2]《韩非子》[3]《吕氏春秋》[4]《鹖冠子》[5]《淮南子》[6] 里就都这么说。又因为文字始于五帝，而五帝的第一个是黄帝，所以东汉的学者如宋衷、许慎之流，就断定苍颉是黄帝的史官，这是“苍颉为帝”之外的另一种说法，而为后人所无法确定的。

但也有人推开了“三皇无文”的《纬书》，以为造书契的是伏羲，孔安国[7] 的《古文尚书》序里说：“古者伏牺氏之王天下也，始画八卦，造书契，以代结绳

[1]《纬书》：汉代依托儒家经义宣扬符箓瑞应占验之书。

[2]《荀子》：战国思想家荀况撰，二十卷，今存三十二篇。

[3]《韩非子》：战国法家代表思想家人物韩非的论著，为先秦法家集大成的思想作品，内容充满批判与汲取先秦诸子多派的观点。

[4]《吕氏春秋》：战国末期的一部政治理论散文的汇编，为秦国相国吕不韦及其门人集体编纂而成。

[5]《鹖冠子》：道家与兵家著作，传为战国时期楚国隐士鹖冠子所作，有三卷十九篇。

[6]《淮南子》：西汉淮南王刘安及其门客仿秦《吕氏春秋》，集体撰写的一部著作。

[7] 孔安国：生卒年不详，西汉鲁国曲阜人，习通经学，与董仲舒齐名。

之政，由是文籍生焉。”《史记》[1]的《三皇本纪[2]》里也说：“庖牺氏造书契以代结绳之政。”但这一派的意见却压不倒苍颉造字说，只有在唐朝，曾经定为功令，叫应考的读书人都跟着这么讲，但这光荣终于和唐的社稷一齐倒掉，唐以后，大家又把造字的功劳，归到苍颉的身上了。

然而无论其为伏牺或是苍颉，实在说来，是都靠不大住的。日本人根据燧人氏钻木取火、有巢氏缉藋[3]而庐的例子，认为“苍颉”二字，其实是“创契”的讹音，意思是造字的人。这样，火是造火的人发明的，房屋是造房屋的人发明的，文字也是造文字的人发明的，实际上却并没有这个人。许慎因为汉族没有“苍”这个姓，就把“苍颉”写成“仓颉”。从这些苦心孤诣的做法看来，可见在汉朝，是否真有苍颉其人，也已经是一个问题了。

我以为文字的能够进于精密，必须经过较长的时间，较多的人手，而且一定要大家都能明白，这才可以应用，因应用而可以比较，扬弃，渐渐地达于妥善，决不是一两个人的力量所能完成的。《春秋演孔图》和《春秋元命苞》[4]里，叙帝王之相，说道：“苍颉四目，是谓并明。”但我想，事实终于还是事实，即使

[1]《史记》：西汉时期的历史学家司马迁编写的中国第一部纪传体通史，对后世史学和文学的发展都产生了深远影响。其首创的纪传体编史方法为后来历代“正史”所传承。同时，《史记》还被认为是一部优秀的文学著作，在中国文学史上有重要地位，鲁迅称其为“史家之绝唱，无韵之离骚”。

[2] 纪：原书为“记”。

[3] 藋（diào）：藜类植物。

[4] 明末清初学者孙瑴编《删微》，辑有十种纬书，其中《春秋纬》第二。《春秋演孔图》和《春秋元命苞》都是《春秋纬》中的一种。

说他生着八只眼睛，十六个瞳孔，也何补于文字的创造呢？

不过，倘说当初你一个我一个造出来的散漫拙劣的文字，曾经由某些人加以集合、整理、改良，使其更适于应用，那倒是比较可信的。

文字的最早的基础，是象形。埃及金字塔的壁上，绘着许多神秘的图案，经过各国学者多年的研究，这才知道是古代埃及的“图画文字[1]”。大约四千多年前，希克斯人统治了埃及，在埃及原有的“图画文字”里，挑选了二十一个字母，这便是后来欧洲各国字母的祖宗。但那时候却是象形的。A 是一只公牛头；B 是一所房屋的雏形；R 是一个人头。到了现在，谁还能够从 A、B、C、D 里，找出它们原来所像的物形来呢？这是因为欧洲的文字，早已从象形进到拼音，大部分已经脱去了古老的外壳了。

但中国却至今还留存着这外壳。

许慎《说文解字》[2] 序里说：“仓颉之初作书，盖依类象形，故谓之文；其后形声相益，即谓之字。文者，物象之本，字者，言孳乳而寖多也。”古代的人，要写鸟字（那时候是叫做文的，两个文拼起来才叫字），就画一只鸟；要写鱼字，就画一尾鱼；起先是各

❶ 图画文字：古埃及的楔形文字，是源于底格里斯河和幼发拉底河流域的古老文字，这种文字是约公元前 3200 年由苏美尔人所发明，是世界上最早的文字之一。

❷《说文解字》：简称《说文》，作者是东汉的经学家、文字学家许慎。《说文解字》成书于汉和帝永元十二年（100）到安帝建光元年（121），是我国第一部按部首编排的字典。也是中国第一部系统地分析汉字字形和考究字源的字书。

逞己意，随便画去，到后来，日子一久，就拣那大家认为最简便，最像样的一个，拿来应用，这才渐渐地归于统一。但统一了的象形字，仍旧不过简单地执行一点记忆和提醒的工作，因为在最初，既没有连缀的句子，也没有整篇的文章。譬如画了一条鱼，它所提醒的不过是对于鱼的关系，至于到底是买鱼、捉鱼，还是吃鱼呢？仍旧要靠看的人自己去追忆，去悬揣。等到人事一繁，追忆和悬揣也无能为力的时候，字的需要愈多，于是象形之外，又有了指事、会意、形声，以及转注、假借等等的方法。

象形，必须先有实物，画一个圆圈，放四道毫光，这是日字；尖嘴圆头，生一个翼子，拖两只脚爪，这是鸟字；当然很不错。然而怎样来分别上和下呢？古人倒并不像现在的老先生那样顽固，一味不化。他们一碰到象形走不通，就指事：画一根平线，点在上面的，是上字；点在下面的，是下字。这也走不通，就会意：太阳和月亮挂在一起，是明字；三个人聚成一堆，是众字。这又走不通，就形声：开始和“记音”接近，如鹅，从鸟，读如我；鸭，从鸟，读如甲。但一面因为已经造成的文字，还需要孳乳[1]和淘汰，于是又想出了转注和假借。章太炎[2]说：“类谓声类，首

[1] 孳乳：繁殖，泛指派生。

[2] 章太炎（1869–1936）：清末民初思想家、史学家、朴学大师，著有《章氏丛书》《章太炎年谱长编》《章太炎医论》等。

谓语基。双声相转，叠韵相迤，则为更制一字，此所谓转注。孳乳既繁，即又为之节制，故有意相引伸，音相切合者，义虽小变，则不为更制一字，此所谓假借。”说得简单一点，转注是同义而并有异字，假借是同字而具有异义，前者是孳乳，后者是节制，对于文字，同样是一种调整补充的工作。

但做这工作的到底是不是苍颉呢？可也不一定。

在原始社会里，专弄这些东西的，大概是巫史——一种身兼数职的人物，他降神，医病，又用文字做工具，来记载祭祀的礼节、狩猎的规则。他不断地应用这工具，也不断地加以改进，起先是只用文字的单位，后来就按照口语，稍加省略，慢慢地写成句子，凑成文章，弄出一种似话非话的东西来。自然，起承转合[1]，抑扬顿挫，是没有的。主要的条件是明白、流利，后来又加上一条：漂亮。

但这真是后来的事情。最初把字的单位凑成句子，把句子组成文章的例子，现在是无法找到了。据我想来，那恐怕是一种简单到类似账单的东西，记载着祭祀和狩猎时候的情形。例如：酹几次酒，用的是三牲还是五牲；狩获几只獐鹿，利于东方还是西方；等等。这虽然是帝王的功绩簿，但简短、粗略，还比不上后

[1] 起承转合：旧时写文章常用的行文的顺序，“起”是开始，“承”是承接上文，“转”是转折，“合”是全文的结束。泛指文章做法。

世豪家小姐遣嫁时的妆奁单。一是由于生活的简朴，二是由于文字的不具备。在句法和文体上，偶尔有一点进步，都曾费了很大的力气。

然而自从殷墟发现以来，我们也约略可以找到一点较后的材料了，这些大抵是刻在甲骨上的卜辞，不过阙文既多，古字一时又难于尽识，我这里且检几条比较明白的在下面：——

（一）“我其祀宾则帝降若；我勿祀宾则帝降不若。”

（二）“俘人十又六人。”

（三）“其获其获。”

（四）“允有来嬉。”

（五）“王□次，命五族伐羌。”

（六）“贞燎于土，三小牢，卯一牛。”

（七）“甲午卜，今日王逐麟。”

（八）“贞鬯[1]御牛三百。”

这些“流水账”和卜辞，有许多是协于古音的。现在所传的黄帝的《道言》、颛顼[2]的《丹书》、帝喾[3]的《政语》，论时期应该比殷墟里的甲骨还要早，但这都为后人所伪托。不过文章的协音偶词，倒确是那时候的一种风气。

偏于记事，虽然是初期的文章的特色，但记和叙，

❶ 鬯（chàng）：古代祭祀用的酒，用郁金草酿黑黍而成。

❷ 颛顼（zhuān xū）：上古帝王。

❸ 帝喾（kù）：《山海经》等古籍载其名俊，号高辛氏，华夏上古时期一位著名的部落联盟首领。

常常是分不开的，叙又可以自叙，所以一面也就有了抒情的作品，有人以为这比记事还要早，是发端于劳动时候“吭唷！吭唷！”的声音，再由这转成诗。不错，较早的抒情作品大抵都是诗，譬如有名的《击壤歌》[1]吧，是叙述初民的生活，兼写初民的心情的，那首诗短得很：——

日出而作，
日入而息，
凿井而饮，
耕田而食；
帝力于我何有哉！

据说这也是假托的，以形式的简短、情调的真朴，恰合于那时的情景看来，可见这伪造者颇为能干，他也许曾经看见过一点古代的典籍。如果描写三角恋爱，草小说五百万言，说是四眼头陀苍颉的手笔，那就无论写得怎样高明，恐怕也没有人会相信的了。

但是，记事的是文，抒情的是诗，这样明白的界限，其实并没有，而且文章也大抵协于音韵。就现存的文献看来，殷周时候，还有一种介乎诗文之间，却又颇为流行的文体，如铭、戒等等，然而我想，这些文体的多见，也许是因为现在所发现的，都是些甲骨

[1]《击壤歌》：一首淳朴的先秦民谣，描绘的是在上古尧时代的太平盛世，人们过着无忧无虑的生活，反映了农耕文化的显著特点。

鼎彝之类的缘故吧。

伊耆是尧的姓，郑玄以为古时另有一个天子叫做伊耆氏❶，皇侃❷和熊安生❸却说是神农，这些且不去管他，横竖有人以为禹不过是一条虫，古人和我们相去竟有这样远。且说伊耆氏有一篇冬祭的祷辞，说道：——

土反其宅，
水归其壑，
昆虫毋作，
草木归其泽。

此外还有尧❹的《戒言》、舜❺的《南风歌》和《卿云歌》，类难具信。比较近于真的，是《尚书·皋陶谟》❻里的一篇歌词，说：——

"……夔曰：'于！予击石拊石，百兽率舞，庶尹允谐。'帝庸作歌曰：'敕天之命，惟时惟几。'乃歌曰：'股肱喜哉，元首起哉！百工熙哉！'皋陶拜手稽首飏言曰：'念哉！率作兴事，慎乃宪，钦哉！屡省乃成，钦哉！'乃赓载歌曰：'元首明哉，股肱良哉，庶事康哉！'又歌曰：'元首丛脞哉，股肱惰哉，万事堕哉！'帝曰：'俞，往钦哉！'"

周鼎向有遗传，自从殷墟发现以后，又有了许多

❶ 伊耆氏：古帝号。即神农，一说即帝尧。

❷ 皇侃（488–545）：南朝梁儒家学者、经济学家，撰有《论语义疏》《礼记讲疏》《孝经义疏》等。

❸ 熊安生：生卒年不详，北朝经学家，北学代表人物之一，撰有《周礼》《礼记》《孝经》诸义疏，均已佚。

❹ 尧（前2377–前2259）：上古五帝之一，其部族主要活动于今河北省唐县至望都一带的滹沱河流域。

❺ 舜：上古五帝之一。舜为四部落联盟首领，因受尧的"禅让"而称帝于天下，其国号为"有虞"。

❻《尚书》：儒家经书之一，是一部先秦文献汇编，内容以上古及夏、商、西周君臣讲话记录为主。

殷的甲骨，这上面的文章，倘能一一加以辨识，那该是很好的吧。但世事是这样孔急，我们还不容钻进古董堆里去，为求便利起见，享享现成，我这里且举出一些殷周的铭来。首先是汤的盘铭❶：——

苟日新，
日日新，
又日新。

这很简单、朴实。到了周朝，诗歌文章，渐有进步，下面是周朝的一些铭，相传是武王时代的作品：——

杖铭

恶乎危？于忿懥❷；
恶乎失道？于嗜欲；
恶乎相忘？于富贵。

鉴铭

见尔前，
虑尔后。

砚铭

石墨相著而黑；
邪心谗言，

❶ 出自《大学》第三章："汤之《盘铭》曰：'苟日新，日日新，又日新。'"

❷ 忿懥（fèn zhì）：发怒。

无得汙白！

本来，文章这东西，在效用上，一开头就是为世的。到了周武王的时候，跟着生活的进展，不但内容渐趋于复杂，就是形式，也更臻于完美。无论是句子的缔造、文章的结构，愈到后来，也总愈见得精密。现在还有人主张学古文，抄烂调，舍精密而取粗疏，捧着古时的土话，作为口头的韵语，那真是胡涂透顶的家伙，永远不会懂得文章的好处的。

一提起土话，不错，较早的古书，常常引用土话。书经和诗经里，就有许多不可解的地方，正是古人的口头语，弄得许多注疏家手忙脚乱，一世摸不着头脑。有些甚而至于把男女调情的山歌，硬解作圣贤治世的经典，曲为注疏，自以为得其窍穴，却不料上了土话的大当，其实是很可笑的。

不过古人的在文章里夹用土话，原是发乎自然，并非真的要和这些注疏家为难；他恐怕根本就想不到自己的文章会需要注疏[1]的。但是，由于土话的多见，这里又有了一个问题：古代的言文，是不是一致的呢？据许多学者的调查，是一致的；也有人提出反证，说是不一致。语言看来总早于文字，我想，最初象形字画成的时候，对于某一个象形字，一定是以称呼这

[1] 注疏：注解和解释注解的文字。

形象的口头上的声音，来决定其字面上的声音的。因此造句的时候，也一定以语言为蓝本，这样说来，言文是应该一致的了，但因为象形字难写，字数不具备，就只好拼命地[1]省略，仿佛吝悭人所打的电报一样。那结果，是弄出了一种接近口语，然而又并非口语，就如我上面所说的“似话非话”的东西来。

从巫史的手里转到特权阶级的手里，文字愈和大众隔离，言文也就愈不一致。洎[2]乎后世，遂有所谓读书人和文学家的出现，文字从此落入了帮凶的地位，成为大众的死对头了。但这决不是正当的发展，文字本身是没有功罪可言的。“五·四”的白话运动、近年以来的大众语运动，以及拉丁化新文字运动，这些说明它重又在和大众接近。好好地使用它，发扬它，使它成为大众自己的东西，这是所有拿笔杆的人的责任，应该牢牢地刻在心上的。

❶ 地：原书为“的”，后同。

❷ 洎（jì）：到，及。

三　古文·骈文·八股文

明清以来的文人，一向把中国的文章分做三大类，这三类文章，不但占据着所有的文籍，而且直接地决定了各个时代的文风，浸渍既久，溶渗弥深，便是到了文体业已改变的现在，也还遗留着零星的影响，不易摆脱。这三类是：古文、骈文、八股文。

古　文

首先得来个声明，这里的所谓古文，更正确地说起来，是应该称为散文的。其实“古文”这名词也很有问题，柳虬[1]以为“时有今古，非文有今古”；姚姬

[1] 柳虬（501–554）：北朝魏宣武帝时期官员、文人。

传[1]《古文辞类纂》[2]序里也说："夫文无所谓古今也，惟得其当而已。得其当，则六经之于今日，其为道也一。"他们都反对"古文"这名称。晋宋以后，文笔的分别很严，刘彦和《文心雕龙总术篇》里说："今之常言，有文有笔，以为无韵者笔也，有韵者文也。"可见古文虽然和笔差不多，但又并不完全一样，因为唐宋人的所谓古文，是也包括有韵文的。不过因为这两个字已经喊得口顺，而且又容易别于骈文和八股文，所以我这里仍旧沿用它，让它来做散文的代表。

秦汉时候多用散文写的文章，但古文这名目，是没有的。魏晋六朝，崇尚绮靡，一到唐代，就起了反动，富嘉谟、吴少微、谷倚等北京三杰，已经致力于雄迈，到了元结[3]和独孤及[4]手里，就一反排偶秾丽的体制，力追远古；此后又出了韩愈和柳宗元，破整为散，直逼秦汉，而尤以韩愈为重要。他的门人李汉在《韩昌黎集》序里说："洞视万古，愍恻[5]当世，遂大拯颓风，教人自为。……呜呼！先生于文，摧陷廓清之功，比于武事，可谓雄伟不常者矣。"苏东坡也说他"文起八代之衰"，可见他实在是非常卖力的。

韩愈的排斥异端，反对骈俪的方法，是提倡六经；他自己立意行文，竭力学习孟子，薄六朝而重秦汉，

❶ 姚姬传：即姚鼐（1731–1815），清代著名散文家，与方苞、刘大櫆并称为"桐城三祖"。著有《惜抱轩全集》等，曾编选《古文辞类纂》。

❷《古文辞类纂》：清代姚鼐编的各类文章总集。全书七十五卷，选录战国至清代的古文，依文体分为论辩、序跋、奏议、书说、赠序、诏令、传状、碑志、杂记、箴铭、颂赞、辞赋、哀祭等十三类。

❸ 元结（719–772）：唐代文学家。

❹ 独孤及（725–777）：唐朝散文家。

❺ 愍恻（mǐn cè）：怜悯。

去雕琢而尚自然，暗暗地以道统自承。从这时候起，古文这招牌就堂皇地竖了起来，虽然有人说它“不丐于古”，但也有人说它“无一字无来处”，据我看来，这两种说法都不免于偏颇，不过古文家的贩卖骨董[1]，却是事实，韩愈不过是“起首老店”“只此一家”，在宣传孔孟之道这点上，他终于跨过了较早的元结、独孤及，压倒了同时的柳宗元，而荣任了孔家店的掌柜先生了。

我们虽然不必是孔家店的买主，却不妨作为看客，且来研究一下掌柜先生口里所标榜的货色。

六经对于唐以后的古文的影响，是不容抹煞的。和韩愈同时的柳宗元[2]说过，“本之《书》以求其质，本之《诗》以求其恒，本之《礼》以求其宜，本之《春秋》以求其断，本之《易》以求其动。”[3]这可见六经和古文的关系。相传《易经》是作于忧患中的；《书》和《春秋》长于记事；《诗》富情致；《乐》讲声律；《仪礼》重在节文，和文章的关系较少。不错，著作也用于应世，但我们被婚丧人家请去做总管先生的机会，想起来，总该是较少的吧。

其实唐宋古文家所受到的直接的影响，倒并不是六经。譬如以韩愈为例，他的文章、语法气势，大都

[1] 骨董：古玩旧称古董或骨董。

[2] 柳宗元（773–819）：唐代文学家、思想家，与韩愈共同倡导唐代古文运动，并称为“韩柳”。著作有《永州八记》《柳河东集》《柳宗元集》。

[3] 出自柳宗元《答韦中立论师道书》，写于元和八年（813），是作者被贬永州期间给韦中立的一封回信。这封回信谈了两个问题，一个是论师道，一个是论写作。它是柳宗元文学理论的代表作，在我国文学理论发展史上占有重要的地位。

是出诸《孟子》的;《孟子》这一部书,大家已经很熟悉,不过对于作者,历来有两种说法:《史记本传》和赵歧[1]《题辞》里都说是孟轲的著作,韩愈却以为是由孟轲的门弟子记录起来的,晁说之[2]因为《孟子》里对诸侯都称谥,"夫死然后有谥;轲著书时所见诸侯不应皆前死。且惠王元年,至平公之卒,凡七十七年,轲始见惠王,王目之曰叟,必已老矣,决不见平公之卒",所以他竭力附和韩愈的意见。不过我们读起《孟子》来,觉得各章语气,完全一致,似乎是一人的手笔,决不是缀辑而成的东西。阎若璩[3]调和了两派的意见,说书是孟轲写的,死后由门人叙定,所以诸侯都给加上了谥。这比较近于情理。但我们也无须去考究这些,倒不如看看其中的文字,来说些它的对于古文的影响吧。

《孟子》本来和《晏》《荀》并称,是诸子的一种。但因为它赞孔子,辟杨墨,论养气,辨性善,祖述圣教,继承道统,经唐宋的古文家一捧,就被列入了十三经,成为不易的名典了。但孟轲毕竟不脱纵横家的气概,所以《孟子》里的文章,反复开阖,明白晓畅[4],这正是后来的古文家的好榜样;韩文的曲折抑扬,可说是得力独多的。

[1] 赵歧:即赵岐(约108—201),东汉经学家,撰有《孟子章句》。

[2] 晁说之(1059—1129):宋代理学家。主要著作有《易商瞿大传》《书论》《易商小传》等。

[3] 阎若璩:清初著名学者,清代汉学(或考据学)发轫之初最重要的代表人物之一。

[4] 晓畅(xiǎo chàng):明白通达。

除了《孟子》以外，诸子书的对于古文，都有显著的帮助。姚姬传《古文辞类纂》序里说："退之著论，取于六经、孟子；子厚取于韩非、贾生；明允杂以苏、张之流；子瞻兼及于庄子。"这虽然说得笼统，但举一反三，也可以想见其大概了。

取于韩非、贾生的柳宗元，名声虽然不逮韩愈，倘论功力，是不遑多让的。韩愈在给韦珩信里，也曾极口推崇，不过他们的意见颇多不同的地方，行文也各有专长，柳的拿手是游记和寓言，这不但成了唐代文章的特色，而且也开拓了游记和寓言的境界。柳文谨严雄健，有时还带着一点感喟和苍凉，颇有六朝气概。但在形式上，他也是反对绮靡的，粉泽雕斫，悉加摒除。他在答吴武陵的信里说得好："夫为一书，务富文采。不顾事实，而益之以诬怪❶，张之以阔诞❷，以炳然诱后生，而终之以僻，是犹用文锦覆陷阱也，不明而出之，则颠者众矣。"从这一段话里，就可以看出他自己的对文章的意见了。

❶ 诬怪：虚妄怪异。

❷ 阔诞：虚夸怪诞。

此外，和韩柳同时而略有前后的如柳冕、李观、李翱、皇甫湜、孙樵等辈，也都有类似的意见。苏东坡说过："唐之古文，自韩愈始，其后学韩而不至者为皇甫湜，学皇甫湜而不至者为孙樵，自樵以降，无足观矣。”[1]韩柳已经论列，其他诸人，在这里也只好从略了。

不过就古文的盛衰而言，唐朝还不过是发创，到了宋朝，这才是古文最昌盛的时期。宋朝的古文开始于柳开[2]，这位柳老先生在年轻时，自己起了个名儿，叫做肩愈，字绍元，意思就是说要继承韩愈、柳宗元的事业，但后来不知怎的又变了主意，却改名为开，改字为仲涂了。范仲淹[3]在《尹师鲁集》序言里说：“五代文体薄弱，皇朝柳仲涂，起而麾之，洎杨大年，专事藻饰，谓古道不适于用，废而弗学。久之，师鲁与穆伯长力为古文，欧阳永叔从而振之，由是天下之文，一变而古。”这几句话，已经粗略地画出了宋初的古文的眉目。

柳开以后，努力于古文的，除了尹师鲁、穆伯长以外，还有苏舜元[4]舜卿[5]兄弟，不过这几个人的文章，因为一意废除排偶，避免韵俪，往往把断散拙僻的字句，当作宝贝，就不免失之艰涩。等到欧阳修出来，这才继承了韩柳的一脉，复归于平易。欧阳的文章雍容闲易，条达疏畅，是古文中最饶于风神的一体。他早年长于词赋，后来从汉东大姓李氏家得到《昌黎文集》，持归细读，又和尹师鲁、苏子美辈往还，这才

[1] 出自苏轼《谢欧阳内翰书》。

[2] 柳开（947–1000）：北宋散文家，有《河东先生集》，诗作现存八首。

[3] 范仲淹（989–1052）：北宋著名的政治家、思想家、文学家，著有《范文正公文集》。

[4] 苏舜元（1006–1054）：苏易简之孙，与苏舜钦一起，祖孙三人并称为“铜山三苏”。著有诗集一卷，《文献通考》传于世。

[5] 舜卿：即苏舜钦（1008–1048），北宋诗人，他与梅尧臣齐名，人称“梅苏”。著有《苏学士文集》《苏舜钦集》。

舍弃制科文字，改做起古文来。陈振孙说："本朝初为古文者，柳开、穆修，其后有二尹[1]、二苏[2]兄弟。欧公本以词赋擅名场屋，既得韩文，刻意为之。虽皆在诸公后，而独出其上，遂为一代文宗。"更有人以为宋朝之有欧阳修，好比唐朝之有韩愈，足见他的造诣之深，影响之大了。

出于欧阳修门下，而文章又极相似的，是曾巩。曾为文质实厚重，长于议论，自比于汉朝的刘向。和曾同被欧阳修所赏识的，还有苏氏父子。老泉以奇劲见称。东坡才思横溢，文气跌宕，在三苏中最负时望，连那时候的深闺淑女，北里婊子，也都为他的文名所倾倒。他自说早年文章绚烂，到晚年才归于平淡，但我想，有一点是始终不变的，就是他的作文的态度比较真率，颇合于明末的"信手信口，皆成律度"的尺寸。所以公安派[3]虽然看不起唐宋古文家，对他却捧得特别厉害；连"白话圣人"胡适之也连连点头，可见决不是偶然的了。苏轼曾经评论他的弟弟道："子由之文，汪洋淡泊，有一唱三叹之声，而其秀杰之气，终不可没。"这是对子由的最确切的批评，引在这里，可以使我省却许多笔墨了。

明朝朱伯贤选了一部《八先生集》，王遵岩又辑为

[1] 二尹：尹枢、尹极，唐代人，兄弟并擅文名。

[2] 二苏：指宋苏轼与苏辙。

[3] 公安派：明代后期出现的一个文学流派。"公安三袁"是公安派的领袖，其中袁宏道声誉最高，成绩最大，其次是袁中道，袁宗道又次之。公安派反对前七子和后七子的拟古风气，主张"独抒性灵，不拘格套"，发前人之所未发。其创作成就主要在散文方面，清新活泼，自然率真，但多局限于抒写闲情逸致。

《唐宋八大家》，由茅鹿门评点行世。这所谓八大家，除了上面讲过的韩愈、柳宗元、欧阳修、曾巩、苏洵、苏轼、苏辙外，还有一个是王安石。不错，王安石的古文，在诸家中最为精湛。他是一个大政治家，所以立论谨严切实，和许多只会得弄弄笔头的人物不同。除此以外，宋朝的古文家里，清健如范仲淹，醇正如司马光，古雅如刘原父、贡父兄弟，下而至于晁补之、陈师道、张文潜、王深父等人，也都能各执一体，号召当世，八家的限制，细想起来，是未免过于狭窄的。

古文一到了元明，就逐渐衰落了，尤其是元朝，那时候盛行的是曲，有人硬拉李孝先和倪瓒来做代表，但也举不出什么货色来。例如倪瓒，他就并不是一个古文家，他所长的是画画，叫他画几幅侧笔山水，冲淡穆远，那倒是十分出色的，但古文却不行。明朝的开初几年，还有宋濂、王祎、方孝孺们来撑场面，然而他们的文体重在因袭，缺少创造，并没有特别可以称道的地方。由三杨（杨士奇、杨荣、杨溥）而衍成的所谓“台阁体❶”，也不过以雍容演迤，平正迂徐，适投仁宗皇帝的所好而已。到后来，这种文体慢慢地流于冗弱，于是乎又有了前后七子的复古运动。

❶ 台阁体：明朝永乐至成化年间，文坛上出现一种所谓“台阁体”诗。台阁主要指当时的内阁与翰林院，又称为“馆阁”。

前七子是李梦阳、何景明、徐祯卿、边贡、康海、

王九思、王廷相；后七子是李攀龙、王世贞、谢榛、宗臣、梁有誉、徐中行、吴国伦。他们虽然相隔了几十年，然而主张却颇相仿佛，前者的口号是“文自西京，诗自中唐以下，俱无足观”；后者的口号是“文主秦汉，诗规盛唐”。几乎是一个印版里的产物，因此所得到的结果也一样：生涩聱牙[1]，剽袭堆砌，除了王世贞等一两个人以外，这可说是前后七子的通病。

但明朝也有几位能够跳出这种通病的作家。王守仁于研究经学之余，间作古文，虽然也曾与李何诸人相倡和，却断然摆脱了他们的影响，使自己的文章趋于明澈；杨升庵也能尽朴茂之致。这以后，唐顺之[2]竭力提倡本色，以为“汉以前之文，未尝无法而未尝有法；法寓于无法之中，故其为法也，密而不可窥”，所以他自己的文章，简雅博达，独与王世贞相抗衡。归有光[3]后起，追踪欧曾，以疏淡的风神、琐细的描写，灌注笔端；不事修饰，而文情并茂。他和王世贞驳难，至于竭口痛诋，世贞虽然生气，但也不能不佩服他，最后还在他的遗集里题了这样的赞词：“风行水上，涣为文章。风定波息，如水相忘。千载有公，继韩欧阳。”

对王李的复古运动，彻底地提出反对的主张的，

❶ 聱牙（áo yá）：形容文词艰涩难读。

❷ 唐顺之（1507—1560）：明代儒学大师、军事家、散文家，代表作有《荆川先生文集》《六编》。

❸ 归有光（1506—1571）：明代官员、散文家。

是公安派和竟陵派[1]，竟陵派的主要人物是锺惺和谭元春，他们虽然反对复古，然而自己的文章却幽僻生冷，很难看得懂，所以影响远不及公安之大。公安的主要人物是袁宗道、宏道、中道三兄弟，他们主张“独抒心灵，不拘格套”，文章很清丽。近年以来，周作人竭力替他们捧场，至于把他们认为新文学运动的祖宗，可见在古文里，这一派实在已经是变体了。

不过他们的主张却确有可取的地方，清朝的张宗子、金圣叹、李笠翁、郑板桥、袁子才等，都还多多少少地受着公安的影响，以清新见称于当世。但古文一脉，仍旧绵延不绝，作者也较多于前朝，而能风靡于一时的，首先得推桐城派，曾国藩在《欧阳生文集》序里说：“乾隆之末，桐城姚姬传先生鼐善为古文辞，慕效其乡先辈方望溪侍郎之所为，而受法于刘君大櫆，及其世父编修君范。三子既通儒硕望，而姚先生治其术益精。历城周永年书昌为之语曰，‘天下之文章其在桐城乎？’由是学者多归向桐城，号‘桐城派[2]’。”桐城派自己夸下海口，说是要集义理、考据、词章的大成，“学行继程朱之后，文章在韩欧之间”，把理学和文学合并起来，以证明“文即是道”的主张。他们的文章虽然清淡简朴，然而对于考据——汉学的根底却

[1] 竟陵派：明代后期文学流派，主张性灵说，是明末反对诗文拟古潮流的重要一派。

[2] 桐城派：清代文坛最大散文流派，因其早期的重要作家戴名世、方苞、刘大櫆、姚鼐均系清代安徽桐城人，故名。桐城派理论体系完整，创作特色鲜明，作家众多，作品丰富，播布地域广，绵延时间久，影响深远。

很浅，所以到了后来，仍旧跳不出欧阳、曾、归的窠臼，只剩下一个空洞的所谓桐城义法了。

继桐城而起的还有阳湖派[1]，阳湖派的主要人物是恽敬、张惠言，他们本来是弄考据和骈文的，后来改做古文，以汉魏六朝人的文章做榜样，这是他们和桐城派不同的地方。

姚鼐以后，桐城的传人是梅曾亮。曾国藩在北京的时候，就和梅曾亮齐名，曾国藩于义理、考据、词章之外，又加上一项经济，把范围放得更大。所以有人替曾氏另立了一个派别。李详在论桐城派里说："文正之文虽由姬传入手，后益推源扬、马，竱[2]宗退之。奇偶错综，而偶多于奇；复字单谊，杂厕相间，厚集其气，使声采炳焕[3]，而戛焉有声。此又文正自为一派，可名为'湘乡派[4]'。"但在大体上，湘乡还是宗法桐城的，曾氏门下张裕钊、黎庶昌、薛福成、吴汝纶，大抵都还谨守着桐城的义法。

吴汝纶的门人严复、林纾，开始翻译西洋的学术和小说，古文到此又起了一点变动，但这变动也并不大。严复的《天演论》译本大受吴汝纶的赞赏，为的是他的译文能用周秦笔法；林纾的译司各脱、狄更司[5]的小说，也是因为在这两位英国作家的小说里，给他

[1] 阳湖派：清代乾隆、嘉庆时期的散文流派，因代表人物张惠言、恽敬都是江苏阳湖人，故而得名"阳湖派"。

[2] 竱（zhuān）：专一。

[3] 炳焕：精技艺湛，光彩照人。

[4] 湘乡派：是清代古文流派之一，因其代表人物曾国藩为湖南湘乡人而得名。湘乡派继承并发展了清代桐城派古文，扩大了桐城派的影响。

[5] 狄更司：即狄更斯。

发现了太史公的笔法的缘故。我觉得前者很可喜：原来我们在周秦之世已经有了赫胥黎[1]，后者却有点可怕，因为红毛国里也有了太史公，这将使我们的桐城派古文家置身于何地呢？

然而桐城义法固然不能横行天下，欧美文化倒的确影响了古文，吴汝纶以至严、林辈的怪论，都不过是“古文家”这头衔在作祟。他们自以为能得桐城心传，但这于我们毫无益处。和严、林同时的另一个国学家章太炎，已经瞧不起他们了。但章太炎是另具一副眼光的，他不但瞧不起严、林，说他们既不能雅，又不能俗。连唐宋以来的古文家，也一并被他唾弃，他说韩柳欧苏之流，“志不师古，乃自以当时决科献书之文为体”，统统不是好货。他主张学习魏晋文。他的弟子刘师培[2]论文，也以有韵偶的文章为主，大概是很受了他的影响的缘故吧。

骈　文

到这里，我也要掉转笔头，来谈一谈骈文了。

刘彦和《文心雕龙·丽辞篇》里说：“造化赋形，支体必双；神理为用，事不孤立。夫心生文辞，运裁

❶ 赫胥黎（1825–1895）：英国博物学家、教育家，达尔文进化论最杰出的代表。

❷ 刘师培（1884–1919）：近代经学大师，著有《左盦集》《左盦外集》《左盦诗录》《词录》等。

百虑，高下相须，自然成对。”他还举出《皋陶赞》里的偶句，来证明唐虞之世，已经有了骈俪。不错，前面已经说过，最初的文章大都是谐[1]音的，这固然是因为便于口诵，但一方面也可以使读起来好听。所以古人作文，一到两句话需要对称，两件事需要并列的时候，就常常修饰文句，使其整齐，后来于好听之外，还要好看，于是又作起对句来，这就是文章里的所谓排偶了。

但那时候虽有排偶，却不过是夹在散文中间，并无骈俪到底的文体。在一篇文章里，对称的时候就排偶，独举的时候就断散，既无好尚，因此也可以说是骈散不分的，等到屈原作了《离骚》[2]，汉赋继起，有韵文的疆域就一天一天地扩大，终于和散文分了家，自己另立起门户来。

这首先是辞赋。

赋是汉朝新兴的文体，受了屈原、宋玉的影响，贾谊[3]就作了《吊屈原》《惜誓》《鹏鸟》《旱云》《簴赋》等各篇，替汉赋打开了一条出路。这以后，枚乘[4]的《七发》，司马相如[5]的《子虚》《上林》，扬雄[6]的《甘泉》《羽猎》《长杨》《逐贫》，各展巧思，奠定了汉赋的基础，沈约[7]说道：“屈平、宋玉导清源于前，贾

❶ 谐：原书为“协”。

❷《离骚》：战国时期著名诗人屈原的代表作，是中国古代诗歌史上最长的一首浪漫主义的政治抒情诗。

❸ 贾谊（前200–前168）：西汉初年著名的政论家、文学家，其代表作有散文《过秦论》《论积贮疏》《陈政事疏》；辞赋《吊屈原赋》《鹏鸟赋》。

❹ 枚乘（？–前140）：西汉辞赋家，文学上的主要成就是辞赋，《汉书・艺文志》著录“枚乘赋九篇”。

❺ 司马相如（约前179–前118）：西汉辞赋家，代表作有《子虚赋》《上林赋》《美人赋》等。

❻ 扬雄（公元前53–公元18）：西汉官吏、学者，代表作有《太玄》《法言》《方言》等。

❼ 沈约（441–513）：南朝史学家、文学家，著有《晋书》《宋书》《齐纪》《高祖纪》等，并撰《四声谱》。

谊、相如振芳尘于后。”从这句话里，也可以看出《楚辞》[1]的对于汉赋的影响了。

到了东汉，班彪作了一篇《北征赋》[2]，他的儿子班固又作了《两都赋》[3]，张衡、蔡邕继起，但他们的风格章法，大都因袭《楚辞》，步武西汉，并没有多大的创见。普通是前面一章开头，中间分段铺叙，后面一章结尾，几乎成了一定的格式。不但格式如此，而且用辞也多堆砌；譬如司马相如的《上林赋》[4]吧，这要算是很有名的了，但他一讲到水里的东西，就是“蛟龙赤螭，䱭鳝渐离，鰅鰫鰬魠，禺禺魼鳎”，一讲到宫中的花木，就是‘卢橘夏熟，黄甘橙楱，枇杷橪柿，亭奈厚朴，梬枣杨梅，樱桃蒲陶”，前者都是鱼名，后者都是果类，骤然一看，我倒以为司马相如是在开咸鱼行或者水果店了，但他其实是没有货色的。此外如以“灏溔潢漾”形容水，“嵯峨嶕嶭”形容山，也都不过堆砌罗列，把生僻的字儿放在一起，大家来斗艳竞妍，说不出真正的意义的所在。

稍后一点，曹氏父子都很能作文章，曹操的文章沉鸷[5]通脱，曹丕和曹植却都主张婉约[6]美丽。尤其是曹植，他因为在政治上不很得志，所以作出来的文章也婉转激昂，发其忧思。建安七子里的陈琳，是一

[1]《楚辞》：中国第一部浪漫主义诗歌总集和骚体类文章的总集。“楚辞”的名称，西汉初期已有之，至刘向乃编辑成集。东汉王逸作章句。原收战国楚人屈原、宋玉及汉代淮南小山、东方朔、王褒、刘向等人辞赋共十六篇。

[2]《北征赋》：汉代文学家班彪的作品。此赋记述了作者北行的历程，抒写了怀古伤今的感慨，表现了安贫乐道的思想。

[3]《两都赋》：汉代文学家、史学家班固创作的大赋，分《西都赋》《东都赋》两篇。

[4]《上林赋》：汉赋大家司马相如的代表作品。作品描绘了上林苑宏大的规模，进而描写天子率众臣在上林狩猎的场面。

[5] 沉鸷：指诗文气势沉雄。

[6] 婉约：原书为“宛约”。

个草檄的能手。檄，就是民国以来的所谓通电，这种文章是自古就用偶文的，但陈琳[1]的檄文却作得非常好，据说曹操向来有头痛的毛病，可是一读到陈琳的檄文，出了一身冷汗，头痛就立刻痊愈了，可见他的文章的魔力，是极大的。还有王粲和徐干，也都长于辞赋，王粲[2]的《登楼》《初征》《槐》《征思》诸赋，徐干的《玄猿》《漏卮》《橘》《圆扇》诸赋，大受曹丕的赞赏，说是"虽张蔡[3]不过"。可惜大半已经失传，就现存的如《登楼赋》之类看来，则建安已经避去了幽奥冗长的弊病，渐趋于清丽；排偶既整，对仗愈工，六朝的骈文，其实是在这时候，就已经撒下种子的。

班固以为"赋者古诗之流"，这大概很不错。但赋虽出于《楚辞》，赋和辞毕竟有点不同，辞专以抒情叙事，赋却还可以写物，而且音律也比较讲究。一到了六朝的所谓骈文，虽然大体上仍以辞赋为主，严格地说来，却也还有分别的：赋不过是文章的一体，但六朝却是文无不骈，句无不俪，正如曾国藩的所谓"即议大政，考大礼，亦每缀以排比之句，间以婀娜之声"[4]，这就是所谓哀感顽艳，而终不脱于淫靡的一点。

但骈文的所以趋于纤弱淫靡，一半也因为那时候的政治不安定，佛学风行，文人都抱着厌世的念头，

[1] 陈琳（？—217）：东汉末年著名文学家，"建安七子"之一，代表作有《为袁绍檄豫州文》《饮马长城窟行》《武军赋》等。

[2] 王粲（177—217）：东汉末年著名文学家，"建安七子"之一，由于其文才出众，被称为"七子之冠冕"，代表作有《初征》《登楼赋》《槐赋》《七哀诗》等。

[3] 张蔡：指东汉张衡和蔡邕（yōng）。

[4] 出自《湖南文征序》。

思想既已脆弱，形式自然也不会剑拔弩张了。“正始文学”已经可算是这种风气的代表。到了晋朝太康以后，作者愈多，文章也愈繁丽，当时如张载、张协、张华、陆机、陆云、潘尼、潘岳，都可说是一时之选，而尤以陆机和潘岳为特出，孙兴公分别他们两人的文章道：“潘文浅而净，陆文深而芜”，这确是很中肯的批评。

这时还有一个重要的作家，就是左思。左思很反对汉赋里罗列堆砌的风气，主张去除浮华，求其切实。这主张很不错。可惜他眼高手低，作出来的文章，仍不免于雕琢和刻画的弊病。

到了宋室元嘉，谢灵运和颜延年[1]齐名，鲍明远[2]又以《芜城》《游思》两赋，和颜谢相抗衡。南齐的健者是王融和谢朓，他们都是精于音韵的。六朝的骈文到了梁武帝的时候，已经登峰造极，一则因为梁武父子，都会作文章，所以上行下效，笺铭小品，清丽绝伦；二则因为沈约作了一部《四声谱》[3]，有平头、上尾、蜂腰、鹤膝的分别，作文造句，统统协于宫商，于是音韵学就大大地发达起来，直接影响到骈文。当时文人如江淹、任昉、徐陵、庾信，都是骈文里的第一等好手；徐、庾两人，多别出心裁，改变旧法，有人以为他们是集骈文之大成的，平心而论，也还算不

❶ 颜延年（384-456）：北朝宋孝武帝时，为金紫光禄大夫，其诗与谢灵运齐名，号称“颜谢”，然伤于雕镂，不及谢诗自然。

❷ 鲍明远（约 414-466）：南朝宋文学家，与颜延之、谢灵运合称“元嘉三大家”。著有《鲍参军集》。

❸《四声谱》：沈约所著，将中国的汉字分为平上去入四声，对中国的声韵学研究产生了很大的影响。

得过誉。只是声哀而靡，等到陈后主的《玉树后庭花》[1]一出，终于被目为亡国之音，仿佛[2]一篇骈词，真的断送了南朝的天下了。

唐初四杰——王勃、杨炯、卢照邻、骆宾王，稍稍改变了徐、庾哀艳轻浮的风气，而成为堂皇雅正了。王勃是四杰的领袖，他的《滕王阁序》[3]，大家该是很熟悉的吧，“落霞与孤鹜齐飞，秋水共长天一色”，到现在还被认为名句，但这其实不过贴切生动而已。我以为骆宾王的《讨武曌檄》[4]，凛厉削拔，倒确是替骈文另开了一条大路的。

这一类文章，因为要别于六朝，那时候就叫做今体骈文。

但六朝的余风仍旧很流行，所谓燕许大手笔张说、苏颋，也都以骈文见称。苏东坡的所谓“历唐贞观开元之盛，辅以房杜姚宋而不能救”，确是实情。因为姚崇、宋璟的表章里，很多偶句，其实岂但姚崇，宋璟而已，即就老牌古文家韩愈、柳宗元而论，在开头的时候，也都弄过骈俪排偶，不过他们只赞成秦汉的辞赋，却不大喜欢六朝的骈文而已。

燕许以后，唐代骈文的名家，当然得推温飞卿[5]和李义山[6]了。相传温飞卿是最喜欢作小赋的，而且

[1]《玉树后庭花》：为宫体诗，作者南朝陈后主，他是南朝亡国的最后一个皇帝。传说陈灭亡的时候，陈后主正在宫中与张丽华等众人玩乐，王朝灭亡的过程也正是此诗在宫中盛行的过程。

[2] 仿佛：原书为“彷佛”。后同。

[3]《滕王阁序》：骈文名篇，唐代王勃作。文中铺叙滕王阁一带形势景色和宴会盛况，抒发了作者“无路请缨”之感慨。

[4]《讨武曌檄》：全称《代李敬业讨武曌檄》，这篇檄文立论严正，先声夺人，将武则天置于被告席上，列数其罪。借此宣告天下，共同起兵，起到了很大的宣传鼓动作用。

[5] 温飞卿：即温庭筠（约812–866），唐代诗人、词人。

[6] 李义山即李商隐（约812–约858），唐代著名诗人。

作得很快，八叉即成，当时大家就叫他温八叉；义山著有《玉溪生赋》一卷，《樊南四六甲乙集》各二十卷，四六的名目，就是从这里开始的。但自从古文兴起以来，骈散的用度，也慢慢地分了开来，比温李较早的陆贽，已经用骈文专写奏议疏状了，到了宋朝，这风气就成了定规，苏东坡和曾子固[1]，该可算是古文家了吧，然而前者的《乞常州居住表》，后者的《贺明堂礼成肆赦表》，就都是四六正宗。司马温公[2]坚辞翰林学士，也是因为他自知不能作四六文的缘故。可见那时候的公文官书，是必须骈四俪六的。

但一面也仍有以骈文出名的人物，徐鼎臣本来是南唐词臣，入宋以后，依旧在朝做官，诏令文书，多出其手。宋朝的四六和前代也有不同的地方，就是爱作长句，例如隔句对之类。谢伋《四六谈麈》[3]里说："四六施于制诰、表奏、文檄，本以便宣读，多以四字六字为句。宣和多用全文长句为对，前无此格。"所以这也可以说是宋朝骈文的特点。其后杨大年、刘子仪，都精于骈文，他们的骈文是专学唐朝的李义山的，后进仿效，一时成了风气，但有很多人生吞活剥，剽窃义山的句子，这现象，终于连唱戏的优伶也看得不大入眼了。有一次，皇帝在宫内请客，杨大年等都在座，

❶ 曾子固：即曾巩，北宋散文家，唐宋散文八大家之一，有《元丰类稿》传世。

❷ 司马温公：即司马光（1019–1086），北宋史学家、文学家，著作主要有《资治通鉴》《稽古录》《涑水记闻》《潜虚》等。

❸ 谢伋（？–约1165）：字景思，原籍河南上蔡（河南汝县）人，南宋绍兴间任太常寺少卿。著有《四六谈麈》《药寮丛稿》。四六，由四字和六字组成的骈文，为宋代的应用文；谈麈（zhǔ），意为闲居清谈。

一个优伶扮着李义山，故意穿了破碎的衣服，跑出台来，人家问他缘故，他答道：我是被诸位官员剽夺挦扯，这才弄得这样狼狈的。

这是讽刺，但我们在这讽刺里，却看到了当时的风气。

其后还有一些作者，如郑戬、卢肇、洪适等人，都很有名。骈文经元朝而至明清，其中的过渡人物是柳贯[1]。明朝也没有特出的作者，只不过是李梦阳、何景明等偶而带作几篇，因为那时候的读书人，都忙着去作八股文了。到了清朝，毛奇龄、陈维崧、胡天游等在前倡导，其后袁子才、吴榖人、孔广森、孙星衍、洪亮吉等继起写作，所谓黼黻[2]琳琅，比于六朝。但就大体而论，因袭多于创造，也并没有什么了不起的人物，倒是有些意见，却助长了骈文的风气。李兆洛以为唐宋古文，其实都是从六朝骈文里蜕化出来的，所以他和汪中都主张骈散不分。仪徵、阮元[3]更以为应该把骈体文当作正统，将这意见作了一篇《文言说》；他的儿子又作了《文笔对》，主张严明文笔的界限。但这些论调颇为后起的湘乡派所唾弃，一出争正统的把戏，终于只好就此结束。

前面已经说过，骈散两体，在最初是不分的，洎

❶ 柳贯（1270—1342）：元代著名文学家、诗人、哲学家、书画家。于经史、百氏、数术、方技、释道之书，无不贯通。著有《金石竹帛遗文》《近思录广辑》《字系》《柳待制文集》等。

❷ 黼黻（fǔ fú）：指修饰文辞。

❸ 阮元（1764—1849）：清代著作家、刊刻家、思想家，代表作为《耄年自述卷》。

乎秦汉，辞赋兴起，骈文已经怀了胎，魏、晋、六朝，是骈文极盛的时代，唐末至宋，骈文衍为四六，及元明而大衰，清朝骈散并行，骈文虽曾一度兴起，但也不过滥调而已。因为明清文人的心力，早已从骈文转移到八股文，放下传名符，抱住敲门砖，要一过其现世的官瘾了。

八股文[1]

开科取士[2]，在唐朝就有了这制度，不过那时候所考的是诗赋，经书只用纸条试帖，等于现在学校里的默书。至于正式以经书命题，却是开始于宋朝的，当时王安石以为要复古，非使学者专心于经术不可，所以就改变唐朝取士的方法，从经书里摘出文句来，作为考试的题目。每次考试一共是四场，先考《易》《书》《诗》《周礼》《礼记》，次考《论语》《孟子》，南渡以后，又加上《大学》和《中庸》。大家叫这种文章为时文，也称制艺。等到明朝成化以后，时文的限制愈严，八股的名称也就开始成立了。

八股文也叫四书文，形式是有一定的：文章的开头是破题，其次是承题，再后便是起讲，全题共分两

[1] 八股文：也称“时文”“八比文”“四书文”，是中国明、清两朝考试制度所规定的一种特殊文体。八股文专讲形式，没有内容，文章的每个段落死守在固定的格式里面，连字数都有一定的限制，人们只是按照题目的字义敷衍成文。

[2] 开科取士：旧举行科举考试以选取优异的士人。科：科举考试。

段，每段四股，所以叫做八股。每四股之中，一反一正，一虚一实，此起彼伏，此平彼仄，两两相对，等到经义敷衍完毕，再加上几十个字，算作结束。全文都用古人语气，代古人立言，只有在最后这几十个字里，才可以借题发挥，或评时事，或抒己见。但后来又恐怕“反动”思想混进这几十个字里去，所以出了命令，不准再谈时事。作者既不愿招惹是非，影响功名，结尾又无可发挥，只好收住拉倒，连题外话也没有了。

以上是八股文的形式的大概。

这一种文体，可说是骈文和散文的混血儿。周作人[1]指它是“中国文学的结晶”，未免近于扯淡；但说它的形式“不但集合古今骈散的菁华，凡是从汉字的特别性质演出的一切微妙的游艺也都包括在内”，却是实在的。作八股文的人不但要会作对句，而且也最好还能够打灯谜，所谓破题这玩意儿，正是一种和猜谜差不多的东西。旧时私塾里的对课和猜诗谜，正是作八股文的准备，猎取功名，晋身富贵，不能把它当作低级的玩意儿来看待。

这里且来举一些破题的例子：

譬如，题目是“子曰”，所谓破题，就是要用两句

[1] 周作人（1885–1967）：现代著名散文家、文学理论家、评论家，代表作有《谈龙集》《谈虎集》《瓜豆集》《知堂回想录》等。

话，把“子曰”这两个字的意义烘托出来。有人就引用了苏东坡的文句，“破”道：“匹夫而为百世师，一言而为天下法。”[1]这的确“破”得很好，上一句暗指孔子，下一句衬出“曰”字来。但幸而这作者是明朝人，倘在清朝，他就要不及格了，因为按照清朝的规矩，破题的结尾，是一定要用一个虚字的。

手头正有一本制艺，可惜作者都非名手，所以也没有较好的破题；但为使大家明白八股文的格式起见，胡乱举几个吧。例如，题目是“予助苗长矣”，那破题道：“事之所必无者，愚人辄以之自矜焉”“焉”字是虚字；题目是“能使枉者直”，那破题道：“有善其权于使者，而知之为用大矣”“矣”字也是虚字。这都是中式的文字，不过我看“破”得并不好。

破题以后是承题，承题也有一定的规矩，那就是开头必须用一个“夫”字，就以上面举出的两个例子而论，接着“予助苗长矣”的破题，是承题“夫养苗者，未有以助闻者也；……”接着“能使枉者直”的破题，是承题“夫枉者无不可为直。……”下面就要起讲了，但我想，大家一定不耐烦去看这些劳什子，我也省得多举了。

八股文虽然不必像四六文那样，句句排比，但偶

[1] 出自苏轼《潮州韩文公庙碑》，这是一篇歌颂唐朝文学家、哲学家韩愈的碑文。此句意为：一个普通的人能够成为百代的师表，一句话能够成为天下人的规范。

句却还是多过于散文，音调平仄，都极讲究。下面是明朝洪武十八年会试第一名分宜黄子澄[1]文章里的一段，题目是《天下有道，则礼乐征伐，自天子出》：——

天下大政，固非一端。天子至尊，实无二上！是故民安物阜，群黎乐四海之无虞。天开日明，万国仰一人之有庆。主圣而明，臣贤而良，朝廷有穆皇之美也；治隆于上，俗美于下，海宇皆熙皞[2]之休也；非天下有道之时乎？……

黄子澄的八股文是制艺中的台阁体，所以作得雍容典雅。但这样的文章毕竟是很少的。八股文在形式方面既须守种种限制，内容又要替圣贤说话，所以普通人往往只学得一点架子，里面却空无一物，例如：——

天地乃宇宙之乾坤，吾心实中怀之在抱，久矣夫千百年来已非一日矣，溯往事以追维，曷勿考记载而诵诗书之典要。

元后即帝王之天子，苍生亦百姓之黎元，庶矣哉亿兆民中已非一人矣，思人时而用世，曷勿瞻黻座而登廊庙之朝廷。

这两股文句，平仄音调，都很不错。但什么天地、宇宙、乾坤，什么元后、帝王、天子，每一句里的词汇，都不过是一些同义词的堆叠，作者究竟在说些什

❶ 黄子澄（1350–1402）：明代分宜人，洪武进士，授修撰，侍读东宫，累迁太学东卿。

❷ 熙皞（xī hào）：和乐；怡然自得。

么，却不免使我们莫名其妙[1]了。

在字数上，八股文也有一定的限制，清朝顺治初年，以四百五十字为满篇，康熙时改为五百五十，后来又改为六百。凡在三百以内或六百以上的，都不够格。文章虽好，也属无补。

八股文既有这许多束缚，所以很难作得好。明清以来的读书人，虽然有许多在这上面下过苦功，但也不过把它当作拾取功名的敲门砖，门一敲开，砖即无用。所以唐顺之、归有光、方苞、姚鼐、张惠言等人，制艺都作得很不错，但他们引作自己的看家本领的，却还是古文，不是八股文。

到了清朝末年，政治上要求维新的声浪很高，康有为[2]、梁启超[3]们，就首先向八股文开刀，说它空疏无用，主张改用策论，于是这被沿用了四五百年，支配着国家人才得失的文体，终于受着时代巨浪的淘汰，被打入冷宫，永无翻身的余地了。这一次变动，对于后来的文体的改革，细细想来，是不无关系的。

❶ 莫名其妙：原书为“莫明其妙”，后同。

❷ 康有为（1858–1927）：近代学者、活动家，光绪廿一年（1895）进士，曾与弟子梁启超合作戊戌变法，后事败，出逃。代表作有《康子篇》《新学伪经考》《孔子改制考》。

❸ 梁启超（1873–1929）：清光绪举人，和其师康有为一起，倡导变法维新，并称“康梁”。是戊戌变法领袖之一、中国近代维新派代表人物，曾倡导文体改良的“诗界革命”和“小说界革命”。其著作合编为《饮冰室合集》。

四　白话文及其他

到这里，我们要讲到如今通用的白话文了。

袁中郎[1]在《雪涛阁集》的序文里说："夫古有古之时，今有今之时，袭古人语言之迹，而冒之以为古，是处严冬而袭夏之葛者也。……"顾炎武[2]也说："诗文之所以代变，有不得不变者；一代之文，沿袭已久，不容人人皆道此语。"他们都相信变，相信创造。但他们的所谓变，所谓创造，指的不过是骈、散、顺、涩之间的一点小差别，如果把这种意见作为"五·四"白话运动的先进，那是会闹成笑话的。不过在客观上，无论如何，也可以算是对那时候笃信古道者的一个暗暗的抗议了。

[1] 袁中郎：即袁宏道（1568—1610）：明代文学家，与其兄袁宗道、弟袁中道并有才名，合称"公安三袁"。代表作有《山阴道》《答李子髯其二》等。

[2] 顾炎武（1613—1682）：南直隶苏州府昆山人，著名思想家、史学家、语言学家，与黄宗羲、王夫之并称为明末清初三大儒。代表作有《日知录》《音学五书》《军制论》《天下郡国利病书》等。

然而白话文的存在，却远在这抗议之前。我在前面已经说过，最初的文章，是从口语衍化而来的，例如古文家见了就要行三跪九叩礼的《尚书》[1]，用的就是白话。《诗经》里也很多土语，其中如来叫做“格”，大叫做“诞”，当中的中叫做“殷”，事情的事叫做“采”，杀叫做“刘”，我叫做“台”或“卬”等等，都是古人的口头语；至于秦汉人的用白话做诗，在文章里夹用俗语；唐朝的和尚用明快的白话说法，零零星星，不必说了。到了宋仁宗以后，这才又翻出了新花样，坐在皇宫里的皇帝，忽然觉得太闲，有点不耐烦起来，他于是出了命令，要臣子按日替他讲一个故事，当作消遣。这样慢慢地风行开来，几乎成了一个故事世界了，其中也有曲折有趣，可以流布的；为了使故事生动和通俗，就按照口语，一一记了下来，这就是所谓平话。例如现存的《宣和遗事》《京本通俗小说》《大唐三藏取经诗话》之类，就都是的。还有程子和朱子，也都用语录讲学，替我们留下了所谓语录体，这种文体半文半白，大受林语堂们的赞扬，要用它来替代白话，席卷天下，但语录也有一定的格套，今人如何讲得来古话呢！所以这结果也不行。

元朝可说是白话最盛行的朝代，关汉卿、马致远、

[1]《尚书》：又称《书》《书经》，是一部多体裁文献汇编，长期被认为是中国现存最早的史书，但是清华简证明传世的《尚书》部分（伪《古文尚书》部分）为伪书。该书分为《虞书》《夏书》《商书》《周书》，内容主要是古代帝王的文告和军臣谈话记录。

贯云石[1]等，开始用漂亮朴素的白话文，来编杂剧，写小曲，几乎压倒了历来公认为正统的文言文。但最有趣的是：连那时候的皇帝的诏令，也都满纸土话，且看《元史》[2]所载泰定帝[3]的即位诏：——

薛禅皇帝可怜见嫡孙裕宗皇帝长子，我仁慈甘麻剌爷爷根底，封授晋王，统领成吉思皇帝四个大斡耳朵，及军马达达国土，都付来。依着薛禅皇帝圣旨，小心谨慎。但凡军马人民的，不拣甚么勾当里，遵守正道行来的上头。数年之间，百姓得安业。在后完泽笃皇帝，教我继承位次，大斡耳朵里，委付了来。已委付了的大营盘，看守着，扶立了两个哥哥曲律皇帝普颜笃皇帝。侄硕德八剌皇帝。我累朝皇帝根底，不谋异心，不图位次，依本分与国家出气力行来。诸王哥哥兄弟每，众百姓每，也都理会的也者。今我的侄皇帝生天了。也么道迤南诸王大臣，军士的诸王驸马臣僚达达百姓每，众人商量着，大位次不宜久虚。惟我是薛禅皇帝嫡派，裕宗皇帝长孙，大位次里，合坐地的体例。有其余争立的哥哥兄弟也无有。这般晏驾其间，比及整治以来，人心难测，宜安抚百姓，使天下人心得宁。早就这里即位。提说上头，从着众人的心，九月初四日，于成吉思皇帝的大斡耳朵里，大位次里，坐了。也叫众百姓每心安的，上头赦书行，有。

[1] 贯云石（1286–1324）：元代散曲作家，现存小令七十余首，套数八套，有专集《酸斋乐府》，近人任讷所辑。

[2]《元史》：系统记载元朝兴亡过程的一部纪传体断代史，成书于明朝初年。由宋濂、王祎主编。全书二百一十卷，记述了从蒙古族兴起到元朝建立和灭亡的历史。

[3] 泰定帝：即孛儿只斤·也孙铁木儿（1276–1328），元朝第六位皇帝，蒙古帝国第十位大汗。他的在位时间是从1323年10月4日至1328年8月15日，在位5年。谥号致孝皇帝，史称泰定帝。

这里"们"作"每"，还有"达达""大斡耳朵"等，都是蒙古语和土话。明朝永乐的上谕[1]里，也有着同样的材料，例如：——

> 永乐十一年正月十一日，教坊司于右顺门口奏：齐泰姊及外甥媳妇，又黄子澄妹四个妇人，每一日一夜，二十余条汉子看守着。年少的都有身孕，除生子令做小龟子，又有三岁女子，奏请圣旨。奉钦依：由他。不的到长大便是个淫贱材儿。

元朝的皇帝是蒙古人，做不好古怪的汉文，这是不足为奇的，这位永乐皇帝竟也是后街王妈妈式的口吻，却实在有点费解。我想，倘不是白话文，决不能把阴狠的口气，传达得这样毕真的。但最动人的却是张献忠[2]的祭梓潼神文，说道："咱老子姓张，你也姓张，咱老子和你联了宗罢，尚飨！"这多么直截爽快，在专掉文袋的旧社会里，真可以说是文情并茂的作品了。

然而张献忠的不掉文袋，其原因只在于掉不来。另一方面，自从元末明初以来，有意用白话来写的小说，也正在开展。《水浒传》就是这时候的作品，较早的本子文辞拙劣，到后来几经删改，渐趋纯粹，终于被胡适之认为标准货色，要大家采取这里面的白话来

❶ 上谕：即诏书，是皇帝的命令和指示。也指清代皇帝用来发布命令的一种官文书。

❷ 张献忠（1606–1647）：明末农民起义领袖，曾建立大西政权，与李自成齐名。

应用了。

《水浒传》出世以后，白话小说在民间大大地流行起来，历明清而不衰，其间如《三国演义》《西游记》《金瓶梅》《醒世姻缘》[1]、《儒林外史》《红楼梦》《镜花缘》《儿女英雄传》[2]、《海上花列传》[3]、《老残游记》等等，都是很好的作品，这些书里不但有漂亮的北京话，有些还间杂苏白，对于语文虽然算不得积极的贡献，但就一般的情形看来，却也不能不说是大胆的尝试，因为它的确捣乱了文言的天下。

然而从这时候起，文言也开始起了变化，大约是一九〇五年（光绪三十一年）吧，八股文被废止了，策论接着也宣告结束，被认为古文标率的桐城派，由于严复、林纾的从事翻译，也稍稍改变了以往的面目。梁启超又把桐城派和公安派融和起来，再加上西洋文学的影响，翻陈出新，作出一种平易畅达的文言文来，这种文体通顺明白，有时还参杂着许多土话、韵语和外国语法，真所谓“笔锋常带情感”。当时就把这种文体叫做新文体，以说明它和吴汝纶之流的古文，并不一样。

梁启超的文章在当时非常风行，新文学运动初期的作家，大抵都受过他的影响。不过这种新文体究竟只能在知识分子中间流行，对于大多数民众，却还是

[1]《醒世姻缘》：清代长篇小说，作者署名“西周生”。小说以一个人生业果、冤仇相报的两世姻缘故事为线索，对明朝末年清朝初年社会黑暗的两大症状——腐败的官场和浅薄的世风作了鞭辟入里的解剖，是一部非常杰出的中国古代世情小说，其在塑造人物、梳理故事等手法方面都是同类小说的杰出者。

[2]《儿女英雄传》：由清代满族文学家文康所著，是我国小说史上最早出现的一部熔侠义与言情于一炉的社会小说，小说长达40回，讲述的是安学海父子的仕途生活，描绘了整个社会特别是官场的腐败和黑暗。

[3]《海上花列传》：清末小说，作者韩邦庆。这部长篇小说的主要内容是写清末中国上海十里洋场中的妓院生活，涉及当时的官场、商界及与之相链接的社会层面。

毫不相干的，所以过了不久，在上海和杭州各地，又有了《白话报》《白话丛书》《白话日报》之类的出现，连后来竭力反对文学革命[1]，醉心于《史记》笔法的林琴南，也写了白话道情，可见社会好尚，那时候，也已经在此而不在彼了。

不过这些办白话报、写白话文的人的目的，只是希望识字不多的人，也能够知道一点国事，并不曾想到用白话文替代文言文，这就是他们和后来文学革命论者不同的地方。因为他们把白话文仅仅看作是低级的启蒙文字，目的在于利用它来开发民智，一面又不肯丢弃文言文的格套，所以缺乏创造性。做出来的白话文，几乎不能和《水浒传》等闲书相比。我这里并不是在讲文学史，只希望大家能够明白一些白话文的来历，要紧的还是看一看货色，以及大家对这货色的批评和主张。手头既没有白话报，只记得周作人在《文学革命运动》里曾经摘录过《女诫注释》的序跋，《女诫注释》是《白话丛书》的一种，序跋也可以算作那时候的白话文的代表，我现在先把序文的开头，抄录在下面：——

> 梅侣做成了《女诫》的注释，请吴芙做序，吴芙就提起笔来写道，从古以来，女人有名气的极

[1] 文学革命：开始于1917年。它是晚清文学改良运动在新的历史条件下的发展，是适应以思想革命为主要内容的新文化运动而发生的。是新文化运动的一个组成部分，对封建思想的批判必然的转向对封建主义文学的攻击，反对文言，提倡白话，反对旧文学，提倡新文学成了一场文学革命运动。在中国文学史上竖起一个鲜明的界碑，标示着古典文学的结束，现代文学的起始。

> 多，要算曹大家第一，曹大家是女人当中的孔夫子，《女诫》是女人最要紧念的书。……

下面是跋文的开头：——

> 华留芳女史看完了裘梅侣做的曹大家《女诫注释》，叹一口气说道，唉，我如今想起中国的女子，真没有再比她[1]可怜的了。……

这种扭扭捏捏，一味做作，毫没有情味的白话，怪不得周作人要说它是从八股文译成的了。但清末报章、丛书里的白话文，大抵都是这样的。这种白话不但和口语有着很远的距离，而且还带着文言的腔调，包裹着古旧的意识，写起来固然费事，读起来，也还是十分吃力的。

但是言文一致的主张，不久也提了出来，关于这，我们不得不追溯一下国语运动了。

西洋传教士到中国东南各省来传教的时候，造出各种方言字母，用以拼读各地的方言，翻译《圣经》，成绩很不错，这种教会字母多到几百种。各地和西洋传教士接近的人，也造出拼音符号来，较早的如厦门卢戆章[2]的“切音新法”，香山王炳耀的“拼音字谱”，龙溪蔡锡勇的“传音快字”，吴稚晖也采取独体篆文，发明了一套“豆芽字母”，就用这和他的夫人通着信。

[1] 她：原书为“他”。后同。

[2] 卢戆章（1854-1928）：清末学者。汉语拼音文字首倡者，创制中国切音新字，中国文字改革的先驱。

但这些字母运动，因为局于一地，还没有引起大家的注意，等到王照[1]的“官话字母”一出，改造文字运动就勃兴起来，因为大家都觉得汉字太难，要富强国家，普及教育，非有拼音字母不可了。

“官话字母”一共有六十几个字母，用两拼的方法，专拼白话，所谓白话，据王照所假定的就是北京话。我们且看他的言文一致的意见：——

> 吾国古人造字，以便民用，所命之音必与当时语言无异，此一定之理也。而语言代有变迁，文亦随之。……故孔子之文较夏殷之文，则改变句法，增添新字，显然大异，可知系就当时俗言肖声而出，著之于简，欲妇孺闻而即晓。凡也、已、焉、乎等助词为夏殷之书所无者，实不啻今之白话文增入呀、么、哪、咧等字。孔子不避其鄙俚，因圣人之心专以便民为务，无“文”之见存也。后世文人欲借文以饰智惊愚，于是以摩古为高，文字不随语言，二者日趋日远。文字既不复当语言之符契，其口音即迁流愈速，……异者不可复同，而同国渐如异域。……

王照的主张得到许多人的赞同，后来劳乃宣又做了“简字谱”，学堂的国文科里也附入了官话一门。等到民国成立，教育部设立了“读音统一会”，但在这个会里，却又把“官话字母”推翻，另造了三十九个

[1] 王照（1859—1933）：近代拼音文字提倡者、“官话字母”方案的制订人。曾出版有《拼音对文百家姓》《官话字母字汇》《官话字母读物》《水东集》等。

“注音字母”，及到一九一八年（民国七年），这才正式颁布，然而那时候，文学革命的旗帜已经高高地揭起，文言白话各显神通，战鼓擂得正响，千变万化的国语运动，也就进展到另一个阶段了。

关于这一次文学革命运动的起因和经过，在普通文学史里都可找到，这里是无须缕述的。我要说的只是关于白话文的地方，正如大家所知，新文学运动是以白话文为骨干的，胡适[1]把白话的意义解释成三种：第一是戏台上说白的“白”，就是说得出，听得懂的话。第二是清白的“白”，就是不加粉饰的话。第三是明白的“白”，就是明白晓畅的话。这对于白话文的各方面，可以说是解释得相当清楚了。但他的主张却始终带着改良的色彩，所谓“八不主义[2]”虽然是向文学方面建议的，却也可以算作白话文的写作条件，所以这里还得提一提：——

一曰须言之有物。

二曰不摹仿古人。

三曰须讲求文法。

四曰不作无病之呻吟。

五曰务去烂调套语。

六曰不用典。

七曰不讲对仗。

[1] 胡适（1891-1962）：现代著名学者、历史学家，因提倡文学改良而成为新文化运动的领袖之一。胡适是第一位提倡白话文、新诗的学者。代表作有《白话文学史》《中国哲学史大纲》《胡适文存》等。

[2] 八不主义：对于中国新文学运动，胡适是最重要的启蒙人。早在1917年1月，他即发表《文学改良刍议》，提出当时文学的八个主张，也就是后来的“八不主义”。

八曰不避俗字俗语。

后来他又把“八不主义”概括起来，成为四条主张：——

（一）要有话说，方才说话。

（二）有什么话，说什么话；话怎么说，就怎么说。

（三）要说我自己的话，别说别人的话。

（四）是什么时代的人，说什么时代的话。

这些主张，大多数还是消极的，他始终没有把写作白话文的时代条件扼要地说出来。其他几个人也都有同样的毛病。在这一点上，可见“五·四”白话文的先天，是十分荏弱[1]的。不过他们对白话文的捧场，却的确捧得厉害，真所谓锣鼓喧天，不但淹没了反对者的声音，几乎使对方插不进嘴来。这里，我们再来看看胡适的对于白话文的采声：——

❶ 荏弱：柔弱；怯弱。

今日之文言乃是一种半死的文字，今日之白话是一种活的语言。白话不但不鄙俗，而且甚优美适用。白话并非文言之退化，乃是文言之进化。白话可以产生第一流文字，已产生小说、戏剧、语录、诗词，此四者皆有史事可证。

胡适的所谓有史事可证，是要说明白话文早已存

在，而且还可以用它来创作文学，并非凭空跳出来的东西。关于这一点，我在上面也已经约略地说过。胡适所特别推崇的，就是《水浒传》《西游记》《红楼梦》《儒林外史》等几部书，他主张大家向这几部书学习，尽量采用施耐庵、吴承恩、曹雪芹、吴敬梓们的白话，“有不合于今日的用的，便不用它；有不够用的，便用今日的白话来补助；有不得不用文言的，便用文言来补助。”这种意见在他的许多文章里都可以看到，真不止说过一次两次，可见他是把旧小说里的白话，当作写作的基础工具的，“五·四”以来的白话文所以不能和口语汇成一流，逐渐达到言文一致的阶段，胡适他们的这种主张，负有一定的责任。

不偏于文学，对于白话文的写作有进一步的见解，在那个时候，比较还算傅斯年[1]。傅斯年写过一篇《怎样做白话文》，在这里面，他以为“文章语言，只是一桩事物的两面”，第一，白话文必须根据口语，先讲究说话，话说得好了，自然就作得出好的白话文，所以要“乞灵说话”“留心自己的说话，留心听别人的说话”。第二，白话文一定不能避免欧化，只有欧化的白话文才能够应付新时代的新需要，“超于说话”“有创造精神”，所以要“直用西洋文的款式、文法、词法、

[1] 傅斯年（1896–1950）：历史学家、五四运动学生领袖之一。代表作有《傅孟真先生集》。

句法、章法、词技……一切修辞学上的方法”。但他的主张，在当时并没有引起大家的注意和讨论，不久就渐渐地冷落了。

向旧小说里学得来的白话文，依旧还是知识分子独占的工具，和大众几乎不发生什么关系。有人批评“五·四”以来的白话文，以为不过把原来的“之乎者也”换了“的了吗呢”，完全是一种不成话的劳什子。所以，到了一九三四年，又有人提出大众语文的口号，以求文章的口语化。在最初，一般对大众语文的解释是：“说得出，听得懂，看得明白，写得顺手。”后来又有人在内容上加以区别，以为“大众语应该解释作‘代表大众意识的语言’，白话文不一定代表大众意识，而大众语文却是决不容许混进一点没落的社会意识的”。从这两点看来，白话文和大众语文之间的差别，固然已经十分明显。一面也可以知道，所谓大众语文，就是一种排除了没落意识，以大多数人口头活生生的话为基础的一种文章。但起先，一定是倷尼[1]有倷尼的大众语文，阿拉[2]有阿拉的大众语文，然后再由多种的语言慢慢地统一起来。

不过参加讨论的人，大多数是所谓文人学士，写不出真正的大众语文来。大家手提秤杆，讨价还价，

[1] 倷尼：是我们的意思，无锡话。

[2] 阿拉：属于吴语词汇，吴语部分地区（仅指上海、宁波两地）指“我们”的发音。

纷纷争论了一阵之后，看看篓里，却原来并无货色。于是有人大叫道：拿出货色来！有几个人真的去写了，理想一落到实地，立刻就显出了缺点，到这里，才知道真正的大众语文，决不是方块字所能传达出来的。要认真推行，归根结底，还得从文字改革上做起。当时所提出的方案是：中国话写法拉丁化。

中国从“五·四”以后，就有国语罗马字的创制，由赵元任[1]、黎锦熙[2]等商拟，于一九二八年正式公布，但因为这种文字须标四声，拼法非常繁复，而且定北京话为标准语，妨碍了它的本身的发展。拉丁化新文字克服了这些缺点，迎合着三个条件，第一、简易合用，第二、如实地表达口语，第三、国际化。它一共只有二十八个字母，不标四声，不硬定一个地方的语言为标准话，却主张分区进行，然后再求统一。自从在各地推行以后，收效很广。不过拉丁化新文字正在日趋精密，它还应该撷取[3]国语罗马字的长处，从这一点上着想，两者实在是有携手的必要的。

等到拼音文字代替了方块字以后，大众语文才能普遍地推行，言文也就可以真的一致了。到那时候，我或者会高兴地把这本《文章修养》撕掉，再来和大家谈一点别的什么的吧。

❶ 赵元任（1892—1982）：现代著名语言学家，中国现代语言和现代音乐学先驱。主要著作有《国语新诗韵》《现代吴语的研究》《语言问题》《通字方案》等。

❷ 黎锦熙（1890—1978）：现代著名语言文字学家、词典编纂家、文字改革家。代表作有《国语运动史纲》《国语词典》《增注国音常用字汇》。

❸ 撷（xié）取：采取，摘取。

五　关于文体

★ 文章的有所谓体别，是因为写作的目标、应用的材料、表现的方式、措辞的性质，各有不同，因此在体裁上，仿佛也有了差别了。

文章的有所谓体别，是因为写作的目标、应用的材料、表现的方式、措辞的性质，各有不同，因此在体裁上，仿佛也有了差别了。但这差别，往往又并不十分严明，编书的人一时摸不着头脑，不免就显出了拉扯的现象。记得有一位编辑先生说过，只要文章有内容，写得好，则即使分辨不出它是小说、散文或者随笔来，也还是无损于这作品的伟大的，这当然对得很。但对于正在学习中的读者，我想，总还不如分分清楚，来得更为有益吧。

一般人对于文体的解释，是多方面的。有的依据时代来分类，譬如文学史上的所谓建安体、黄初体、正始体、太康体、元嘉体、永明体等等，这是第一种；有的依据作者个人来分类，就如书法上之有颜、柳、欧、苏、赵一样，文章上也有苏李体、曹刘体、陶体、谢体、徐庾体、韩昌黎体、柳子厚体、等等，这是第二种；有的依据排列声韵，分为骈体与散体，有韵文与无韵文等等，这是第三种；有的依据成色特征，分为文言、白话、语录、土白、等等，这是第四种；就方式和对象上说，则有骚、赋、颂赞、哀吊、论说、奏启、等等的分别，这是第五种；就性质和表现上说，则有典雅、远奥、精约、显附、繁缛、壮丽、新奇、轻靡等等的分别，这是第六种。到了末流，只要文章的内容和形式并不一致，则区分类别，何患无辞！不过这样就近于妄诞，终于使文体这一个名词，愈趋模糊，变成一种莫名其妙的东西了。

但我想，愈是莫名其妙，也就愈有把旧账结算一下的必要。

历来的所谓文体，大抵是指方式和对象而说的，这也就是普通书籍里的分类的依据。但究竟是从什么时候分起的呢？这却很难说得定。有人以为是从六经开头的，《尚书·毕命篇》里有一句话，说是“辞尚体要”，指的就是文体。《颜氏家训》[1]里说：“夫文章者，

[1]《颜氏家训》：南北朝时北齐文学家颜之推的传世代表作。他结合自己的人生经历、处世哲学，写成《颜氏家训》一书告诫子孙。《颜氏家训》是中国历史上第一部内容丰富、体系宏大的家训，也是一部学术著作，其内容涉及许多领域，强调教育体系应以儒学为核心，尤其注重对孩子的早期教育，并对儒学、文学、佛学、历史、文字、民俗、社会、伦理等方面提出了自己独到的见解。文章内容切实，语言流畅，具有一种独特的朴实风格，对后世的影响颇为深远。

原出五经，诏、命、策、檄，生于《书》者也；序、述、论、议，生于《易》者也；歌、咏、赋、颂，生于《诗》者也；祭祀、哀诔[1]，生于《礼》者也；书、奏、箴、铭，生于《春秋》者也。”但这不过是近似之谈，不但六经里并没有这样明白的类别，而且“《易》文似《诗》《诗》文似《书》《书》文似《礼》”，陈政骙已经说得很明白，原来连文章也都差不多。相信文体始于六经，而以颜之推的说法为依归，细细想来，恐怕还是靠不大住的。

不过将文章分类，这方法的确起源很早。曹丕在《典论·论文》里，已经罗列了奏议、书论、铭诔、诗赋等等的名目，陆士衡的《文赋》，也有诗、赋、碑、诔、铭、箴、颂、论、奏、说的区别；整部的著作如挚虞[2]的《文章流别》，就曾把文章分类，替文体开辟了一个新境界，却是毫无疑义的。

稍后，继《文章流别》而起的是《文章缘起》《文心雕龙》和《文选》。这三部书，在性质上并不一样，然而分门别类，和文体却有着一致的关系。任昉的《文章缘起》，从诗、赋、歌、骚到图、势、约为止，一共分做八十四类，可说是十分繁密的了，但因为繁密，有时也不免失之重复，譬如“表”和“上

❶ 哀诔（āi lěi）：哀悼死者的文章。

❷ 挚虞（250–300）：西晋著名谱学家，著有《族姓昭穆》《文章志》《三辅决录》等。

表”“骚”和“反骚”，原属一体，而《文章缘起》里都是另立名目的，《四库提要》[1]因为它引据疏忽，说是后人伪作，这样说来，然则又并非萧梁时代的作品了。

《文心雕龙》是刘勰的著作，专论文章的体制和品格，一共五十篇，其中有二十篇和文体有关，如《明诗》《乐府》《诠赋》《颂赞》《祝盟》《铭箴》《诔碑》《哀吊》《杂文》《谐隐》《史传》《诸子》《论说》《诏策》《檄移》《封禅》《章表》《奏启》《议对》《书记》等等，名目繁多，有许多其实可以归并一类的。萧统的《文选》[2]却反而加以扩充，分为三十七类：诗、赋、骚、七、诏、册、令、教、文、表、上书、启、弹事、笺、奏记、书、檄、对问、设论、辞、序、颂、赞、符命、史论、史述赞、论、连珠、箴、铭、诔、哀、碑文、墓志、行状、吊文、祭文等等。在序文里还有一点小小的说明：——

> 箴兴于补阙，戒出于弼匡，论则析理精微，铭则序书清润，美终则诔发，图像则赞兴。又诏诰教令之流，表奏笺记之列，书誓符檄之品，吊祭悲哀之作，答客指事之制，三言八字之文。篇辞引序，碑碣志状，众制锋起，源流间出。……若其赞论之综缉辞采，序述之错比文华，事出于深思，义归乎翰藻，故与夫篇什，杂而集之。……

[1]《四库提要》：即《四库全书总目提要》。《四库全书总目》为我国古代最巨大的官修图书目录，清代永溶、纪昀等编撰。《四库全书》是我国历史上最大的一部丛书。全书二百卷，分经、史、子、集四大类，为学者研究中国封建社会的政治、经济、文化的历史，提供了一部翔实的书目。

[2]《文选》：又称《昭明文选》，是中国现存的最早一部诗文总集，由南朝梁武帝的长子萧统组织文人共同编选。

《文选》里的文章是选到梁初为止的。到了宋太平兴国七年，李昉、扈蒙、徐铉、宋白等奉敕编《文苑英华》[1]，经苏易简、王祜等参修，从梁末选起，算是一部继承《文选》的大著，所以其中的分类，也和《文选》相仿佛，这里是无须论列了。至于真德秀的《文章正宗》，偏于论理，分辞令、议论、叙事、诗歌四门，完全是道学家的见解，连他的弟子刘克庄，也表示不大满意。到了明朝，又大大地受了顾炎武的讥嘲，几乎很少有人提起了。

这以后，吴敏德的《文章辨体》，把文章分为五十四体，徐师曾的《文体明辨》，又扩为一百廿七体，虽然好像较前繁密，其实是哑子多格，越搅越糊涂了。等到姚鼐的《古文辞类纂》一出，这才改去了散漫杂滥的弊病，把相似的归纳起来，分成十三类：论辩、序跋、奏议、书说、赠序、诏令、传状、碑志、杂记、箴铭、赞颂、辞赋、哀祭。曾国藩在《经史百家杂抄》[2]里，又节为十一类，他在序文里说：——

> 姚姬传氏之纂古文辞，分为十三类，余稍更易为十一类。曰论著，曰词赋，曰序跋，曰诏令，曰奏议，曰书牍，曰哀祭，曰传志，曰杂记；九者，余与姚氏同焉者也。曰赠序，姚氏所有而余无焉者

[1]《文苑英华》：北宋四大部书之一，文学类书。宋太宗赵炅命李昉、徐铉、宋白及苏易简等二十余人共同编纂。

[2]《经史百家杂抄》：曾国藩编纂的一部古文精华集，共二十六卷。《经史百家杂钞》一书，是从清末到民国，在社会上流传很广、影响较大、继姚鼐《古文辞类纂》之后的又一部有名的古文选读本。全书共分论著、词赋、序跋、诏令、奏议、书牍、哀祭、传志、叙记、典志、杂记十一类。

也。曰叙记，曰典志，余所有而姚氏无焉者也。曰颂赞，曰箴铭，姚氏所有，余以附入词赋之下编。曰碑志，姚氏所有，余以附入传志之下编。论次微有异同，大体不甚相远；后之君子以参观焉。

曾国藩在十一类之上，又加了三门，叫做著述门、告语门、记载门，这是和别的分类法不同的地方。现在再把他的说明抄录在下面：——

★ 曾国藩在十一类之上，又加了三门，叫做著述门、告语门、记载门。

著述门（三类）

论著类　著作之无韵者。经如《洪范》《大学》《中庸》《孟子》皆是。诸子曰篇，曰训，曰览；古文家曰论，曰辨，曰议，曰说，曰解，曰原，皆是。

词赋类　著作之有韵者。经如《诗》之《赋颂》《书》之《五子作歌》皆是。后世曰赋，曰辞，曰骚，曰七，曰设论，曰符命，曰颂，曰赞，曰箴，曰铭，曰歌，皆是。

序跋类　他人之著作序述其意者。经如《易》之《系辞》《礼记》之《冠义》《昏义》皆是。后世曰序，曰跋，曰引，曰题，曰读，曰传，曰注，曰笺，曰疏，曰说，曰解，皆是。

告语门（四类）

诏令类　上告下者。经如《甘誓》《汤誓》《牧誓》等，《大诰》《康诰》《酒诰》等皆是。后世曰诰，曰诏，曰谕，曰令，曰教，曰敕，曰玺书，曰檄，曰策命，皆是。

奏议类　下告上者。经如《皋陶谟》《无逸》《召诰》，及《左传》季文子、魏绛等谏君之辞皆是。后世曰书，曰疏，曰议，曰奏，曰表，曰劄子，曰封事，曰弹章，曰笺，曰对策，皆是。

书牍类　同辈相告者。经如《君奭[1]》，及《左传》郑子家、叔向、吕相之辞皆是。后世曰书，曰启，曰移，曰牍，曰简，曰刀笔，曰帖，皆是。

哀祭类　人告于鬼神者。经如《诗》之《黄鸟》《二子乘舟》《书》之《武成》《金縢祝辞》《左传》荀偃、赵简告辞皆是。后世曰祭文，曰吊文，曰哀辞，曰诔，曰告祭，曰祝文，曰愿文，曰招魂，皆是。

记载门（四类）

传志类　所以记人者。经如《尧典》《舜典》，史则《本纪》《世家》《列传》，皆记载之公者也。后世记人之私者，曰墓表，曰墓志铭，曰行状，曰家传，曰神道碑，曰事略，曰年谱，皆是。

叙记类　所以记事者。经如《书》之《武成》《金縢顾命》《左传》记战争、记会盟及全编，皆记事之书，《通鉴》法《左传》，亦记事之书也。后世古文，如《平淮西碑》等是，然不多见。

典志类　所以记政典者。经如《周礼》《仪礼》

[1] 奭（shì）：召公之名。

全书，《礼记》之《王制》《月令》《明堂位》《孟子》之《北宫锜章》皆是。《史记》之八书，《汉书》之十志及《三通》，皆典章之书也。后世古文，如《赵公救灾[1]记》是，然不多见。

杂记类　所以记杂事者。经如《礼记》之《投壶》《深衣》《内则》《少仪》《周礼》之《考工记》皆是。后世古文家，修造宫室有记，游览山水有记，以及记器物记琐事皆是。

[1] 灾：原书为“菑”。

姚、曾的分类，虽然已经比较先前的进步，但忽而依照写列的地位，忽而根据文字的形式，标准没有一定，依旧脱不了传统的影响，还是算不得十分精密的。

倘要精密，我以为首先得注意下面这三条，就是所谓包举、对等和正确。但要从对象和方式上，定下确切的类别，却又并不容易。概括地说来，或者就是记叙、论辩和抒情吧。第一类是记叙，专写客观的事物，所谓客观事物，是连想象中假设的情事，也都包括在内的。但记和叙还有一点小小的分别，记事文是静的，专以记述事物的状态、性质和效用；叙事文是动的，专以记述事物的动作和变化；但两者都是客观的记述，所以在性质上并无不同。第二类是论辩，着重于是非的判别，是一种富于建设性的文体；发表自己的主张，批评客观的存在，使自己的意见能够获得读者的信任，凡是寓有这种内容的文章，都应该归入这一类。第三类是抒情，偏于情感，专重发抒，诉说出境心相应的情况，以博取别人的同情，例如哀悼和述怀，就都是的。倘把曾国藩的记载、著述、告语三门，来比这里的所谓记叙、论辩、抒情，大体上虽然很相像[1]，但因为曾国藩偏重于形式，实际上，是并不一样的。

除了根据方式和对象的分类外，是不是还有较好的方法呢？

西洋修辞学上的分别体类，大抵是从性质和表现上着眼的，例如简洁、高雅、平淡、华丽之类，正和《文心雕龙·体性篇》里所说的差不多。陈望道[2]在《修辞学发凡》里，综合中外的说法，析成四组，共计八种：由内容和形式的比例，分为简约、繁丰；由气象的刚强与柔和，分为刚健、柔婉；由于话里辞藻的多少，分为平淡、绚烂；由于检点功夫的多少，分为谨严、疏放。就目前所有分类的方法看来，《修辞学发凡》里所定的体类，应该说是比较完备、比较适当的一种了。

不过立体虽然谨严，但一等到应用体裁，区分起

❶ 相像：原书为“相象”。

❷ 陈望道（1891–1977）：现代著名教育家、修辞学家、语言学家，翻译了中国第一篇《共产党宣言》，担任过《辞海》总主编，撰写了《漫谈〈马氏文通〉》和《修辞学发凡》等专著。

文章来的时候，却仍旧不免于笼统和含糊。因为通常一篇文章，往往具备着好几种性质，并非专属于一体的。就方式和对象来说，记叙的文章里可以有抒情，论辩的文章里也可以有记叙；就表现和性质来说，简约的文章可以兼刚健，兼平淡；繁丰的文章也可以兼柔婉，兼绚烂。这样说来，可又似乎无法归类了，但其实是可以的，唯一的办法是抛开局部的性质，专从总旨上设想，这大概也就是所谓“大处着眼[1]”吧。

[1] 大处着眼：从大的、重要的方面观察、考虑问题。

六　句读和段落

还有一种似乎无关重要，而其实却应该算做文章的一部分的，是句读和段落。

中国的旧书，无论印写，向来是不加句读，不分段落的。一篇脱了稿的文章，因为并无圈点，所以从头至尾，全是连写着的方块字，望去密密层层，满纸黑斑，好像正在排衙的蜜蜂一样。至于从这些蜜蜂堆里，默察语气，分别句读，那可完全是读者的工作了。古人于此常用朱笔，着在纸上的，其实只是一些简单的钩点而已。

但是，究竟怎样钩点的呢？

《补滑稽传》[1]里说，东方朔“上书，凡用三千

[1]《补滑稽传》：即《滑稽列传》。《滑稽列传》，出自《史记》卷一百二十六，列传第六十六。是专记滑(gǔ)稽人物的类传。此篇的主旨是颂扬淳于髡、优孟、优旃一类滑稽人物“不流世俗，不争势利”的可贵精神，及其“谈言微中，亦可以解纷”的非凡讽谏才能。

奏牍。人主从上方读之，止，辄乙其处，读之二月乃尽”。据段玉裁的考证，“辄乙其处”的“乙”字，并不是“甲乙”的“乙”，其实正是“√”字，《说文》：“√，识也”；“识”就是记认，也即后世的所谓钩勒。和“√”同样的还有“·”“·”也是加乙的记号，可见在古时，“√”“·”的为用，是一律的。到后来，这才明白地划分开来，断句的是“·”，也写作“、”或“。”；至于“√”，却用来作为专门分段的符号了。现在容易找到的，是旧书摊上的一些经过圈点的制艺文章，每股结束的地方，终可以发现一竖一横的红杠子，就正是由读者加添上去的“√”型的标记。

为了便于述说，这里先来谈谈句读吧。

因为标点是读者的工作，作者可以不费手脚，所以由后人标点出来的古书，常常和原著的古人的意思相违背，闹出了播传人口的笑话。譬如袁中郎[1]的文章吧，前几年，大受有些学者的赞赏，几乎被捧得连尸身也起了疙瘩。一心向往，以情理论，应该是深知中郎的了，但把他的《广庄齐物论》里的“色，借日月，借烛，借青黄，借眼，色无常。声，借钟鼓，借枯竹窍，借锤，借肺中风，借舌颚，声无常。想，借尘缘，借去来今，借人，借书册，借无常。夫不可常，

❶ 袁中郎：即袁宏道。

即是未始有衡，未始有衡，即不可凭之为是非，明矣。”点成了“色借，日月借，烛借，青黄借，眼色无常。声借，钟鼓借，枯竹窍借……”借得我们莫名其妙。另一个学者又把张岱[1]《琅嬛文集·琴操脊令操序》里的“秦府僚属，劝秦王世民，行周公之事，伏兵玄武门，射杀建成元吉。魏徵《伤亡》作。”点成了“秦府僚属。劝秦王世民。行周公之事。伏兵玄武门。射杀建成元吉魏徵。《伤亡》作。”把标点移下两个字，原也算不得什么，但一箭结果了魏徵的性命，这手段，却未免过于狠毒，而魏徵也实在死得忒煞冤枉了。

这样的乱读，乱点，的确有点古怪。但也并不是今人的创作，古人早已有过误会了，《礼记》[2]里有一段说：

> 昔者史佚有子而死，下殇也，墓远。召公谓之曰：何以不棺敛于宫中？史佚曰：吾敢乎哉？召公言于周公。周公曰：岂！不可。史佚行之。

这里的所谓“岂”，是一种坚拒的语词，但却被听做了“岂不可”——哪有不可之理。所以史佚就把他的儿子在宫中收敛了。原来连说话里的标点——顿挫，也不能过于大意的。

但这些虽然曾是事实，到头却不过是笑话而已，

[1] 张岱（1597–1679）：明末清初文学家、史学家，著有《琅嬛文集》《陶庵梦忆》《西湖梦寻》等。

[2] 《礼记》：是中国古代一部重要的典章制度书籍，儒家经典著作之一，共49篇。《礼记》大约是战国末年或秦汉之际儒家学者托名孔子答问的著作。

因为这错误是明显的。句读的重要性，却不能从笑话里去探求。只在两种点法都能成立的时候，这才可以辨别高下，推究是非，显得出它的重要性来。譬如《论语》里的“民可使由之，不可使知之”。有人以为应该读做“民可，使由之；不可，使知之”的；《庄子》里的“指穷于为薪，火传也，不知其尽也”。有人以为应该读做“指穷于为。薪，火传也，不知其尽也”的。两说都能成立，这就难以确定了。《鲁迅全集》里的《古小说钩沉》[1]，是很难标点的一部书，出版以后，我也翻过一回，觉得其中颇有几处是值得研究的，除了已向负责编辑者提出外，这里不妨拉两条来谈谈，譬如《裴子语林》[2]里有一条，《全集》的标点是这样的：——

> 洛下少林木，炭止如粟状，羊琇骄豪，乃捣小炭为屑，以物和之，作兽形，后何吕[3]之徒共集，乃以温酒；火爇[4]既，猛兽皆开口向人，赫然。诸豪相矜，皆服而效之。

这是通的，但“乃以温酒”以下的标点，照我的意见，不如改为“火爇既猛，兽皆开口，向人赫然”来得更为妥当，因为上文既不曾提出兽的驯猛，所以，这里的“猛”字，原著者的意思，其实是用来点出火

❶《古小说钩沉》：鲁迅校辑的古小说佚文集。共辑录先秦至隋代古小说三十六种。为研究唐代以前小说的重要参考书。

❷《裴子语林》：简称《语林》，是一部汉魏以来迄于两晋的知名人物精彩应对的记录，真实地反映了魏晋之际的时代特点和社会风貌，生动具体，意味隽永。

❸ 吕：应为“召”字。

❹ 爇（ruò）：烧。

爇的程度的。

下面是《列异传》[1]里的一条：——

> 陈留史均，字威明，尝得病，临死，谓其母曰："我得复生，埋我，杖竖我瘗[2]上；若杖拔，出之。"及死，埋杖如其言。七日往视，杖果拔，即掘出之，便平复如故。

因为后文有一句"埋杖如其言"，我想，前面的"埋我，杖竖我瘗上"，是应该改为"埋我杖，竖我瘗上"的。按照行文的条理，这样一来，就可以使前后互相呼应了。自然，不论说得怎样中肯，这也只是我的意见。倘使作者当年亲自加好标点，我们就可以省却许多议论，不必疑神疑鬼，招惹唠唠叨叨的麻烦了。

不过标点的使用，却不仅在于减少读者的麻烦，它还有积极的意义。第一，是要辅助文字，使文章的语气能够如实地传达出来；第二，使读者能够正确地感受到作者的本意。所以，就方法说，宋以来的"凡句绝则点于字之旁，读分则微点于字之中间"，是不够的，我们得更求完备。就对象说，只让读者去乱猜乱点，也是不行的，必须作者亲自来动手，这才能够正确、真实，免除似是而非的错误。

我在小学读书的时候，曾经受过老师的警告，说

❶《列异传》：志怪小说集，作者不详。记述的都是神仙鬼怪，书中写得最多的是鼓吹神仙和道术。

❷ 瘗（yì）：掩埋，埋葬。

是书信文章，都是要拿给人家去看的，自己不能预加圈点，一加，就是对对方的不恭敬，怀疑他读不断。这大概也是古训[1]吧，我不明白，含含糊糊地答应了。但那时其实已有并不含糊的人物，在竭力提倡标点，采用了西洋最通行的办法，稍加变通，制定新式标点符号，请求教育部颁行了，到了一九二〇年（民国九年）二月，终于由部令采用，符号一共有十二种：——

（一）成文而意思已经完足的，用句号“。”。

（二）句子里面须读断或停顿的地方，用逗号“，”。凡连用的等价而又平列的词，用顿号“、”。（这两种旧时合称点号。）

（三）复句里面单用点号分不清楚的时候，兼词或分句平列的时候，用支号“；”。（旧称分号。）

（四）总起下文，总结上文的，用综号“：”。（旧称冒号。）

（五）表示疑问的，用问号“？”。

（六）表示情感或愿望的语句，用感叹号“！”。

（七）凡说话、引语，需要特别提出的词句等，用提引号“‘ ’”。

（八）语气的断续或加强，意思的急转，用破折号“——”。

[1] 古训：古代流传下来的可以作为准绳的话。

表示夹注的，用两条破折号“—— ——”。

（九）表示删节或未完的，用省略号“……”。

（十）表示夹注的，用括弧“(　)”。

（十一）凡是人、地、物的专有名词，都在旁边加上直线，叫做专名号“——”。

（十二）凡是书名或篇名，都在旁边加上曲线，叫做书名号“﹏﹏﹏”。

这些符号，看来虽然十分简单，但等到实际应用的时候，却是并不容易的。就以疑问号和感叹号来说吧，有时就很容易混淆，一句这样的话：——

怎么这样的不懂事呢

虽然在语气上是疑问句，但意义是肯定的，所以应该加上感叹号。至于逗号的纠纷就更多，有时可以省去，有时可以添加，一省一加之间，往往能够使语气转变。我们就以芦焚[1]《无名氏》序言的第二段来作例，下面是原书的标点：——

但是使我惊讶的却是另一个朋友从这诗和杂感里看出了矛盾，当时我连一个字都不想解释。

我们可以添加几个逗号，变成：——

但是，使我惊讶的，却是另一个朋友，从这诗和杂感里，看出了矛盾，当时，我连一个字都不想

[1] 芦焚（1910–1988）：现代作家，原名王长简，另一笔名师陀。著有短篇小说集《谷》，长篇小说《结婚》《马兰》。

解释。

就这两段文章看来，后一段因为添加了逗点，顿挫较多，语气也就较为纡缓、短促，每一个部分的意味，都给加强了。但这加强是不必要的，作者在这一句话里，所切重的只有两点，一点是另一个朋友看出了矛盾，一点是“我”不想解释，所以把全句分成两部，也已经足够了。

总之，标点符号的使用，是应该看行文的需要而定的，在语气上，大抵用长句较为单纯，易见柔美；用短句较多顿挫，易见削厉。最要紧的还是使标点多变化，能够正确地传达出作者自己的意思、情感和口气，不必死守定规的。

其次是关于段落的问题。

历来分段最明晰的，是制艺文章。但制艺的分段不但根据形式，而且还是先有段落，后有文章的。现在的文章可就没有这样的格套了，分段也完全依据文章的内容，随意义来决定。

现在的文章的分段，比先前分得更短，也更多了，所以看起来比较清楚：一目了然[1]。我想，这大概是因为社会的关系更见复杂，“人事日繁”，为了节省精力，文章的形式就不得不趋于简洁精密的缘故吧。

❶ 一目了然：一眼就看得很清楚。形容事物、事情原委很清晰，一看就知道是怎么回事。

七　向书本学习还是从生活提炼

★ 学习的基础常常开端于模仿。

学习的基础常常开端于模仿。小孩子在练习写字的时候，首先是画描红格，等到有了一点工架，就进一步临摹名家的法帖，人总是摆脱不了对先进的成功者的依托，在写作练习上，也如此。我们听惯了这样的话："熟读唐诗三百首，不会作诗也会吟。"熟能生巧，意思是要使人从熟读里开始揣摹，由此达到成功的境界，所以，我们古人在教子弟作文章的时候，总是选了一些经史子集，不顾一切地塞过去，他们秉承"开卷有益"的遗训，以为作文主要的门径是多读，多看，多写。但是，推开纸窗说亮话，这所谓看，读，写，其实不过是书本，书本，书本，永远在白纸黑字

上兜圈子。

而且这圈子又太小，太偏，太离开了现实社会。

自从唐朝用了帖经的方法，开科取士以后，八股文继起，读书专为应考，所读的范围也就愈来愈狭了。里巷间流行的平话小说固然不准读，就连《战国策》[1]、陈寿《三国志》[2]之类，也都悬为禁律，因为在制艺文章里，用词要有来历，所谓“语语都有出处”，而且这“出处”是只限于经书的。倘使把陈寿《三国志》里的史实，《战国策》里的用语，引用到制艺里面去，那就一定不为考官所取了，杂家尚且如此，稗官野史自然更不必说。《红楼梦》里不是说黛玉因为在行酒令的时候引用了《牡丹亭》和《西厢记》的词句，就大为宝钗所窘么？

这禁忌，其实并非私德问题，而且是不限于女子的。

浏览的范围既狭，可说的材料愈少，文章终于只剩了一点架子，内容却越发空洞了，这就是古文和八股文的通病。李卓吾[3]、袁宏道、金圣叹们反对烂调，竭力提高小说传奇的地位，金圣叹还把《水浒传》《西厢记》和《庄子》《离骚》《史记》、杜律相提并论，把它们封为才子书，要人家子弟反复细看，从《水浒传》

[1]《战国策》：一部国别体史书。主要记述了战国时期的纵横家的政治主张和策略，展示了战国时代的历史特点和社会风貌，是研究战国历史的重要典籍。西汉末刘向编定为三十三篇，书名亦为刘向所拟定。

[2]《三国志》：由西晋陈寿所著，记载中国三国时代历史的断代史，同时也是二十四史中评价最高的“前四史”之一。

[3] 李卓吾：即李贽（1527—1602），明代思想家，泰州学派的一代宗师。著有《焚书》《续焚书》《藏书》等。

《西厢记》里悟出作文的门径来。虽然在当时被目为邪道，但这种看法，却的确能够开拓读者的视野，解放经书的束缚，单就读书方法而论，可以说是相当进步的了。

但这进步，却仍旧受到书本的限制，刚刚从空洞里解放出来的文章，终于又落入了虚伪乖角的泥淖。徘徊于白纸黑字的圈子里，仅仅记住一些花巧的词汇，懂得几种拼凑的方法，我敢说，是写不出什么好文章的。因为文章虽然是表现人类的思想、感情、想象的东西，但这思想、感情、想象，却正是人类的意识对于现实的感应，换一句话说，写作的泉源，是还得从生活的高峰上出发的。

充实自己的生活经验，也就是充实自己的写作的材料。

在古时，生活和文章本来是揉在一起，并不分离的。《论语》里记载孔门师弟的问答，句句都从各人自己的实生活里提出来，并无一个虚设的问题。清朝的颜习斋❶和李恕谷❷，也都说读书愈多愈不晓事，“纸上之阅历多，则世事之阅历少；笔墨之精神多，则经济之精神少”，这话虽然偏了一点，但他们都看重生活，看重实际的活动。旧书❸上说：“太史公游历名山

❶ 颜习斋：即颜元（1635-1704），清初思想家、教育家，颜李学派创始人。主要著述为《四存编》《习斋记余》。

❷ 李恕谷（1659-1733）：清初著名的思想家、教育家、哲学家，他与其师颜习斋合创“颜李学派”，有《小学稽业》《大学辨业》《论学》《周易专注》等。

❸ 旧书：指《雪月梅》，又名《孝义雪月梅》《儿女浓情传》。作者陈朗，字晓山，别号镜湖逸叟，浙江平湖人。

大川，而后其为文愈奇。”这所谓奇，正是由经验积储起来的新奇而又现实的事物，这是新的知识，新的真理，新的感情，它引起人们对于新的希望和憧憬。从生活里得到的经验，正是一篇好的文章的生命。

在留存的狩猎社会的史料里，我们看到最多的是关于兽类的记载。无论是法国或是西班牙，在那些史前时代的山洞的石壁上，大抵都绘着古代野兽的形象；希腊神话和印度故事里，叙述了许多关于狩猎的事情；中国的所谓《卜辞》[1]，几乎全是逐鹿获麟、南巡北狩之类的条文。在某一时代的文字里，往往可以看出这一时代的实际生活的情形。文章和生活的关系是分不开的。在农业社会里，我们就有这样的谣歌：——

跳舞！
跳舞！
法师吃了向日葵饭发黄了，
法师吃了谷饭发黄了，
法师黄得像太阳光一样了！
跳舞！
跳舞！
他的小铃儿在摇了，
他的小铃儿叮铃叮铃好像太阳光啊，
太阳也已经升起来了啊！

[1]《卜辞》：中国晚商巫师进行占卜活动而刻在牛胛骨、龟甲等兽骨甲壳上的文字记载，亦指近现代学者整理晚商的甲骨文字而汇编的纂集。

跳舞！
跳舞！
亦许我要把我的筐子掷给你，
亦许我要把我的心掷给你。
举起你的筐子，跳舞啊！
放下你的筐子，跳舞啊！
我们的果子已经采下了，
现在可以跳舞了。
我们的影子是长的。
我们的影子的中间的太阳光是明亮的。
你要我的筐子么？
抓罢！
抓罢！
可是你不能抓到我，
我比筐子难抓啊！

——西印度 Pueblo 族《筐子歌》

这一首歌，是西印度普埃伯罗族的农妇，当收成完毕后，大家集合一起，跳舞庆祝的时候唱的。这里充分地显示出丰收的快乐，这种快乐是从生活的果实里渗出来的。如果本身并不是农民，又不曾久居乡村，深入于农民生活，不曾有过和农民一致的情绪，那就不会深切地了解这心情，也自然不会深切地懂得传达这心情的作品，更不必说写作了。

中国民间所传的《插秧歌》《打麦谣》等等，我想，大概也是属于这一类的吧。至于习见于书册，传播于口头的，却并非真正农民的作品，为了使大家对生活有进一步的认识，这里且再举一个例子在下面：——

割麦插禾，
泥深没驼。
新妇饷饭拾取螺，
妇家煮糜奉阿婆。

——邵长蘅❶：《禽言》

这一首和前面所举的稍有不同的地方，因为这里刻画的并不是作者直接的经验，却不过是知识分子代替农民立言，虚拟多于实感，颇近于所谓田园诗人的作品，是文化发达了的农业社会里的产物了。

到了商业社会，生活的各方面都起了变动，文章自然也不能再保持旧有的内容。一个西班牙人率直地唱出了他的希望：——

我有点儿金，有点儿银，
有几条海船在海里，
有一个漂亮的老婆；
我还能再要什么呢？

——西班牙民歌

❶ 邵长蘅（1637—1704）：清代文学家，与侯方域、魏禧齐名。著有《青门全集》。

生活永远是变动的。就社会的性质说，文章的反映已经有了这样不同的风貌，再进一步，即使是性质相同，对象相同的作品，只要时间和空际有差别，那所表现出来的姿态，也还是并不一致的。就以恋爱为题材的作品来看吧，下面是歌德笔底的人物：——

> 今朝她的面容深深刺入我的灵魂。我看见她单独一人在那里，她默默不语。她呆呆不动弹地审视着我。在她面上我不再看见美的魅力和才的火焰——这些已消灭了。但我被一种更动人的表情所动——这表情就是一种最深的同情和最柔婉的怜悯。为什么我不敢投身在她的脚下呢？为什么我不敢把她抱在臂中，回报她无数的吻呢？她求钢琴来解救她，以低抑而甜美的声音应和着优美的音乐。她的双唇从来没有显得如此动人；它们只消微微启露，使它们可以吸收乐器里发出的和谐的音调，就从她的口里折回极美的震动。啊！谁能表白我的感情呢？我完全被克服了，于是屈了身，发出这个誓言：安琪儿所守着的美唇啊，我永不愿以一吻来污渎你们的纯洁。……
>
> ——歌德：《少年维特之烦恼》[1]

婉转、顺柔、缠绵，我们从《少年维特之烦恼》里所得到的感觉：是温柔的，这正是哥儿小姐们爱弄

[1]《少年维特之烦恼》：德国作家歌德的早期作品。这部小说是用日记和书信体写成的，这种体裁善于披露主人公的内心世界，抒发苦闷的心理和惆怅的情感。

的玩意儿。然而，当爱神鼓起翼子，飞到流浪的吉普色人[1]的队伍里时，他也不能不受到生活的洗炼，改变原来的样子了。这里有的是阔大的气息，强烈的情绪，是一切，是决不能发生在红楼绣阁、公馆别墅里的：——

……第二天傍晚，我们围坐在营火旁边，佐拔儿来了。他似乎在想什么，他的面貌瘦得多了，他的眼睛注视在地上，周围各有一道黑圈。他并不看我们一眼，只是说："伙伴们，听我说。这晚上我把我的心搜检了一遍，我在那里面再找不出一块地方来容留我的昔日的自由了。娜达一个人盘据在我的心里，再没有别的东西。她来了，这位美丽的娜达，她微笑着好比一个皇后。她爱她的自由比她更爱我，然而，我呢，我爱她却比我更爱我的自由，所以我决定拜倒在她的脚下。她吩咐我这样做，使你们大家可以看见我这个不怕一切的洛伊可·佐拔儿，平日像兀鹰玩弄鸭子一般地玩弄妇女的人，现在居然屈服在她的爱力之下做她的奴隶了。但从此以后她就做我的妻子，用她的接吻和拥抱来抚爱我，使我不再唱歌给你们听，也不痛惜我的自由的丧失！娜达，我没有说错吗？"——他抬起眼睛，忧愁地望着她。她不回答一句话，只用力点了点头，用手指着她的脚。……

[1] 吉普色人：即吉普赛人。以过游荡生活为特点的一个民族。他们自称多姆人。

“好罢！”娜达对佐拔儿说。

“啊，你不要这样忙。时间还多着呢。总之，今天够你荣耀就是了！”佐拔儿笑起来，他的笑声就和钢铁撞击的声音差不多。

……

“啊！我的骄傲的皇后，我要拜倒在你的脚下了！”他，这个佐拔儿高声叫着，他的叫声响彻了草原。他伏倒在地上，把他的嘴唇紧紧地压着死了的娜达的脚。他躺着不动，仿佛也死去了一般。……

——高尔基[1]：《马加尔周达》

试问：这样的故事是一个生活于软绵绵的环境中的作家所能写得出来的么？

同样地，时间的距离也足以使生活发生变化，因而使反映在文章里的现实显出不同的场面来，最显著的是关于战争的情形：——

一更刁斗鸣，校尉逴连城，遥闻射雕骑，悬惮将军名。

二更愁未央，高城寒夜长。试将弓学月，聊持剑比霜。

三更夜惊新，横吹独吟春，强听梅花落，误忆柳园人。

[1] 高尔基（1868—1936）：苏联文学家，主要作品有《母亲》《童年》《在人间》《我的大学》。

四更星汉低，落月与云齐，依稀北风里，胡笳杂马嘶。

五更催送筹，晓色映山头，城乌初起堞，更人悄下楼。

——伏知道[1]：《从军五更转》

这是见于乐府里的最早的五更调，从这里，我们可以看到古代的一幅边塞荒城的夜景。然而时序终于冲去了城头的风物，在下面这一段文章里，却又立刻可以嗅出二十世纪的气息来：——

沿着残墓断碑的地势，锯齿形战壕伸展开去，穿过灌木丛，穿过荒稻方畦，穿过草深过膝的棉田……到处是触鼻土腥，混合着积满雨水的膻臭。

浓雾阴沉的天，雨丝淋漓不止。

士兵们连泥带水地乘间掩埋着软豆腐似的尸体，军用铁锹迅速翻着土层，腰躯一弯一直地动着。

灌木丛中蹲着麻子秦，黑脸上斜流下雨水，一粒粒滴，头上裹着的草类伪装，继续输流下来。

“换防的队伍还不见影……”左腮向膝盖一擦，仰头环顾一下。长脚蚊嗡来嗡去，寻觅输送病菌的血管。腐尸上惊起的金绿色苍蝇，雨中沉闷地展着软翅。

[1] 伏知道：生卒年不详，南朝陈诗人。存《从军五更转》五首，见《艺文类聚》。

忙，都在忙，人们动着，甲虫在跳。

“敌机……”瞭望哨低喊。

兵士们鼻尖贴泥，眼皮近草卧倒。

三五人仰了脸躺着，枪筒斜向天空。

三百米外响声传来，烟雾腾起，土动了下，树枝撒下久蓄的雨水，瑟瑟的一声紧接一声，兵们不响不动，宇宙像原始的沉寂，只有狂魔似的……轰的给大地以震撼，摧毁。……

——骆宾基[1]：《一星期零一天》

[1] 骆宾基（1917–1994）：现代作家，代表作《边陲线上》《幼年》。

某一个时代有某一个时代的生活，某一个区域有某一个区域的生活，某一个阶级有某一个阶级的生活，而且这生活又不断变动着，发展着。文章既然是生活的反映，那么，要使表现深刻，要使作品的内容能够保持特定的式样和色彩，我们必须曾经深入于这所描写的生活，必须对于作品里的现实有过深切的研究，这才能够探得问题的核心，具体地表现出生活的真理来。不至于像照相机一样，只照下一些平面的浮浅的现象了。

能够融化，能够概括，能够从生活里汲取进步的观点，指示出未来的动向的，这就是好文章。

对于喜欢弄弄笔头，写得出好文章来的人，我们就常常称他为文学家。一个伟大的文学家一定是富于

生活经验的，大文豪高尔基曾经做过皮鞋店的学徒，轮船上厨子的下手，建筑绘图师的徒弟，铁路的看夜人，饼干司务和面包司务；美国的平民诗人卡尔·山特堡[1]也曾经当过赶货车的车夫，货船上的船伙，在草原上捆过干草，在旅馆里洗过碟子，在理发店里擦过皮鞋，当过漆匠，和西班牙人打过仗。在作品里，他们充分地应用了半世流浪的经历，宇宙是他们的学校，他们向现实学习，懂得怎样从生活里提炼，这就是成功的主要的条件。

但是，实际生活的经验虽然重要，书本工作也还是不能放弃的。在复杂的社会里，我们所能直接地经验到的生活，毕竟有限得很，我们不能不向书籍里求得间接的经验。例如上面说过的高尔基和山特堡吧，他们同时也是读书极多的人物。山特堡是民歌的收集者，他看了许多关于这一方面的书籍；高尔基常常劝人多读古典作家的作品，并且以为即使是坏书，只要善读，也一样可以给人好处。他说："印象，我是从实际生活直接得到的，也从书籍得到。从实际生活得到

❶ 卡尔·山特堡：今译卡尔·桑德堡（1878–1967），美国著名诗人、传记作者和新闻记者，代表作有《亚伯拉罕：战争的年代》《太阳灼伤的西方石板》《蜜与盐》等。善于运用通俗语言和平常讲话时的节奏描绘先驱开拓的日子里的赤裸而又强有力的现实主义以及美国工业化扩张，表达中西部人民的乐观和民主精神，被誉为"人民的诗人"。

★ 因为要弥补生活的直接经验的不足，我们才向书本学习，间接地看到现实的更多的姿态。

的印象，好像原料；从书籍得到的印象，就如加工品一般的东西。”在《我怎样学习》里，他又述说了在残酷丑恶的地狱生活里，自己不断地读着书：“差不多每本书都给我在没有认识过的世界里打开了窗户。给我讲着关于我不曾知道，不曾看见过的人们、感情、思想和关系。”“我愈读得多，书本便愈使我跟世界亲近，生活对于我愈变成光明，有意味。”这可见，即使是向书本学习吧，但在大体上，也还是应该着眼于对生活的关系的。

因为要弥补生活的直接经验的不足，我们才向书本学习，间接地看到现实的更多的姿态。但同时，也可以从这里增进文字的修养，领会写作的手法，我们需要向成功的作家学习，看他们怎样观察事物，怎样展开主题，怎样刻画人物，怎样描写景状。一个读者应该用批判的态度来分析文章的内容，作者通过这文章所建立的任务、所表演的观念，以及这观念对于现实社会的联系；等等。

要比较，要研究，从比较和研究里加深修养，寻出作文的门径来。

一个初学写作的人，必须重视实际生活，同时也应该把读书当作实际生活的一部分，这样，书本上的记载，才不至于成为公式的存在，而可以匀和地溶化在自己的生活里，溶化在自己的文章里了。

★ 一个初学写作的人，必须重视实际生活，同时也应该把读书当作实际生活的一部分。

八　题材的搜集和主题的确定

生活经验一经反映和溶化在作品里，这就是文章习语上的所谓题材了。

题材存在于现实世界中，是十分丰富的，是一个作者因为限于本身的经历，却只能写一点自己所熟悉的东西。在写作方法上，主张“只写你所深知者”，原是避免浮浅，使文章深刻的办法，譬如吧，一个生长在四川、足迹不曾出过省界的人，他就描写不出海洋的形状来；而一个过惯海洋生活的渔夫，也无法去想象戈壁的游牧民族的生活；要浸沉于孔孟之道的老先生来评论新社会，固然会眼花缭乱，得不到正确的结论；同样，要唐宁街[1]的绅士们说明一下非洲土人的心理，他们也只好睞着眼睛，抓破自己的头皮了。这是因为作者对于所描写

❶ 唐宁街（Downing Street）：位于英国首都伦敦的西敏内，在过往200年来，都是重要内阁官员，即英国首相，以及兼任第二财政大臣的财政大臣的官邸。

或者所评论的对象，先就缺乏实际的知识和体会的缘故。

没有事实，也就没有想象，要写一篇像样的文章，是决不能依赖于天花板的。

然而天花板以外的天地虽大，作者却无法一一经历，为了谨守“只写你所深知者”的教条，许多人就写起老婆、儿子、吃饭、睡觉等等的身边琐事来，因为在平凡的生活里，他们只有这样的体验，一离开这些直接经历，就觉得没有题材可写，没有意见可说，捏起笔，要恨恨于灵感的不来了。

而灵感偏偏又是不可捉摸的东西。

体验缺乏，灵感不来，那么，文章岂不是就写不成了么？事实上并不然。只要时刻留心，经常训练，灵感也可以通过培养来取得，而要达到这一点，主要是平常善于观察，积储由观察得来的感想和形象，以待提笔时候的应用，这样，就可以有所恃而无恐了。

★ 观察虽然比不上体验的真切，然而范围却较为广泛，可以弥补体验的不足。

观察虽然比不上体验的真切，然而范围却较为广泛，可以弥补体验的不足。一个专用直接经验来写作的人，在文章里所表现的社会，一定是狭隘的，他不免于常炒冷饭。然而谁又喜欢冷饭呢？要使文章合于读者的胃口，这时候，最迫切的问题是搜集材料——

用观察来扩大自己的视野，展开文章的角度，增加应用的词汇，等等。

在这里，我们且来回顾一下，看看世界伟大作家们在写作之前，是怎样地运用着他们的观察方法的。首先是左拉[1]——

左拉在观察时候所常用的工具，是书籍、报纸、照片以及其他各种的文件。当他要就某种问题写一篇文章的时候，就搜集许多和这问题有关的书报，抄的抄，剪的剪，分类储藏，然后再用这些储藏着的材料来写作。有时候，他也去做实地的观察，为了要描写唱戏生活，他曾去和优伶接近；为了要明白赌徒心理，他曾去赌场里狂赌；他也常去参观各种不同的生活，跟各种不同的人物谈话，细心地记下那些语言和印象。不过就大体说，到了要写作的时候，临渴掘井，以局外人的态度去访问，去搜集，所得的总不免是一些表面的形状，结论自然也不能深刻、正确。那方法，是不宜于袭用的。另一个作家巴尔扎克[2]说道："在我，观察甚至于成了直觉，他不会忽视肉体，而且更进一步，他会透进灵魂。"究竟用什么方法来透进灵魂呢？因为要去调查平民的性格和生活，他就穿着工人的服装，混在群众的队伍里，显出漠不关心的样子，使他

[1] 左拉（1840—1902）：19世纪后半期法国重要的批判现实主义作家，自然主义创始人。代表作有《萌芽》《娜娜》《小酒店》等。

[2] 巴尔扎克（1799—1850）：法国19世纪伟大的批判现实主义作家，被称为现代法国小说之父。代表作有《人间喜剧》《朱安党人》《驴皮记》等。原书为"巴尔札克"。

们不加提防，一面却留心他们散工后的闲谈，看戏回来时的夫妻之间的私语：家务的盘算，工钱的支配。他浸沉于这些琐碎的扳谈里，他说："当我谛听这些人的谈话的时候，我能够深入他们的生活；我觉得他们的褴褛披在我的身上，我的脚穿了他们的破的皮鞋走路；他们的欲望，他们的需要——一切都渗入了我的灵魂，或者是，我的灵魂渗入了他们的。这是一个清醒的人的梦。我和他们一同忿恨那暴虐的工头，那欠债不还，使他们反复奔走的坏蛋主顾。摆脱了自己的习惯，由于正义之感的一种陶醉使我变成了自己以外的另一种人，而且任情地弄这玩意——这构成了我的迷幻。"这迷幻通过巴尔扎克的作品，终于也陶醉了他的所有的读者们了。

我想，这就是使文章比较普遍，使文章比较永久的主要的因素。

★ 我想，这就是使文章比较普遍，使文章比较永久的主要的因素。

不过巴尔扎克的观察法虽然较为真实，较为深刻，较为能够握住问题的核心，但在物质条件未臻齐备，士大夫阶级的封建意识未尽消除，体力劳动和脑力劳动完全分离的我们的社会中，这办法行使起来，是会有许多困难的。所以，我们不得不在巴尔扎克和左拉之间，另外寻出一条适当的路途来。在这里，我以为契诃夫[1]的观察法，是值得一提的。

契诃夫虽然不像巴尔扎克一样，化装着混到群众里面去，但也不像左拉似的依赖现成的书报，他往来于各级社会里，随身带着札记簿，把所见所闻的一一记下来，他并非为题目而搜寻材料，却是由材料而产生题目的。因此，出现在契诃夫笔底的故事和人物，一点也不矫揉造作，完全是俄罗斯社会的活生生的典型。

巴尔扎克的方法使我们深入，契诃夫却叫我们多看，多记，由此精选。

高尔基说过他的创造孚玛·戈尔狄耶夫，曾经观察过“不满于自己的父亲的生活事业的一二十个商人的儿子”，鲁迅也说他的小说里的人物，“往往嘴在浙江，脸在北京，衣服在山西，是一个拼凑起来的角色[2]”。此外如果戈理[3]的乞乞科夫，屠格涅夫[4]的罗亭，刚查罗夫[5]的奥布洛莫夫等，都是观察了许多同一类型的人物，这才写成的。创造一个人物既然如此，要创造作品里的一个情境，当然也是如此的。必要的工作是研究和观察。

在我们的社会里，有许多事物，我们天天看惯，十分平凡，自以为很能懂得了，其实是并未深思，算

[1] 契诃夫（1860—1904）：俄国短篇小说大师，代表作有《变色龙》《套中人》《一个官员的死》《樱桃园》等。

[2] 角色：原书中为“脚色”。后同。

[3] 果戈理（1809—1852）：19世纪俄国小说家，代表作有《死魂灵》《钦差大臣》等。

[4] 屠格涅夫（1818—1883）：19世纪俄国批判现实主义作家，代表作有《猎人笔记》《父与子》。

[5] 刚查罗夫：今译冈察洛夫（1812—1891），19世纪俄国最著名的批判现实主义作家之一，代表作有《战舰“巴拉达”号》《悬崖》等。

不得怎样熟悉的。譬如吧，我们天天说话，却很少有人曾经注意到自己的语调；说话的当儿时时装手势，也很少有人能够记住自己的举止；不但对于日用品如电灯、热水瓶之类，未必全能懂得其构造，就是闭拢眼睛，再来想一想自己最亲热的朋友的脸孔，也不免于模模糊糊，记不出什么特点来了。这就因为平时不曾仔细观察，还没有取得深刻的印象的缘故。

要使题材丰富，我们必须细心地观察事物，把所得的结果记下来：人物的性格、风貌、举止，事件的起因、经过、影响，自己的感想、意见、心得，乃至一个单字、一句土话、一串生动的句子、一些不常见的词汇，等等。记录不但便于查考，而且可以供我们比较、研究。虽然《文章修养》的读者不一定要做文学家，然而为求普通的文章写得像样起见，多看多记还是必需的。从前的诗人有所谓诗囊。一到春秋佳日，就带着这诗囊到郊外去寻句，想到了，立刻用纸条记下，收入诗囊，积储既多，然后再拿来整理、修改、拼合。据说李贺做诗，就是专用这种方法的。

这诗囊在意义上，大概也和我们现在的笔记簿差不多吧。

不过揆[1]其实际，却又并不一样。因为古人所记

[1] 揆（kuí）：估量。

的不过是一些触景生情的所谓妙句，而我们现在要记的却是由观察得来的活生生的现实；古人是把这些妙句拼合起来完事，而我们现在却是要从这些所记的动人的事实里自然地生发开去，用艺术的手腕把这些最主要的、最足以代表的材料概括起来，普通化起来，由此造成一个典型的人物 \ 情境，或者议论。一句话，成为一篇完整的文章。

然而其间也还需要一番揉炼的工作。

旧时读书人在初学写作的时候，最易犯的毛病就是生拼硬凑，把自己肚里所有的一些成语古典，非常牵强地嵌到文章里面去，使通篇前后不相调和。我们在读着这种文章的时候，往往觉得其中有一段很好，好到可以媲美名家；有一段忽然又很坏，坏到简直不能成话。这是因为作者只把题材像百衲衣[1]似的一块块乱贴起来，完全不曾经过溶化和洗炼，有所依据的地方头头是道，一失了蓝本，这就现出本相，显得十分浅薄了。

倘不把题材好好地加以溶化、洗炼，我想，就是在现今，也还是容易染上这种毛病的。

然则怎样来溶化呢？我以为首先的是整理；怎样来洗炼呢？我以为主要的是选择。题材有了，我们就

[1] 百衲衣：即袈裟。亦借指补缀甚多的衣服。

得按照时间和次序，按照内容和性质，把它们一一编排，部署既定，再来做一番挑剔选择的工作，使不必要的枝节可以删去，新的思想和想象逐渐增加起来，然后加以组织，这就可以敷衍成文了。所以，在未曾落笔之前，无论是写纲要也好，打腹稿也好，总之，是必需经过一番筹思的。

譬如吧，当我们要写一篇日记的时候，我们当然得把这一天里所见、所闻、所想、所做的事情，先来回想一下。等到这些事情聚在我们脑里，摆在我们眼前的时候，然后再来剪裁，决定什么是应该写的，什么是可以省的，随着需要写去，这才可以成为一篇像样的日记。如果叫一个小学生去动手，他就常常会把起身、披衣、穿鞋、著袜、洗面、漱口、吃饭、拉矢[1]，甚而至于打一个喷嚏，捉一只苍蝇，统统都写进里面去。无疑地，这样的写法是会失败的。然而作为这失败的原因却很简单，那是因为作者只把搜集到的材料堆积起来，却不曾加以剪裁，并不懂得整理和选择的缘故。

剪裁的标准决定于文章的主题。主题从题材产生，它是文章的灵魂，当我们提笔作文的时候，问问自己：究竟为着要说些什么而写这篇文章的呢？通过手头的材料，我们要说明一种东西，或者要叙述一件事情，

[1] 矢：同“屎”。

或者要提出一个主张，或者要发抒一番感情，总之，当作者决定了自己的想法的时候，文章的主题也就存在了。题材提供主题，主题抉择题材，两者是有着相互的关系的。

★ 题材提供主题，主题抉择题材，两者是有着相互的关系的。

旧时文人在谈到文章作法的时候，有所谓立意和命题，是专谈作者怎样来表现自己的思想和意见的，这正和现在的所谓主题差不多。按照常例，命题必须用决断的语气，或者肯定，或者否定。即使有时候在题目里用了疑问的语气，但那实际的含义，却还是确定的。譬如，我们常常看到“中国往哪里去？”“中国人失掉自信力了吗？”等等的题目，但这其实就是“中国往 ×× 去”“中国人并没有失掉自信力”的变相说法；即使是提出疑问，也要态度明朗。因为必需是确定的命题，才能代表一种完全的意见。这一层，在议论文和说明文里，尤其应该注意。无论是正是反，每段的意义，必需在同一主题下统一起来。

这就是说，一个句子有一个句子的含义，积句为段，所以每一个段落里，也总有一个可以独立的思想或情景，来作为这一段的代表。然而，“群山万壑赴荆门”，这些独立的思想或情景，却又挨着次序，互相联系，彼此统一，同时或正或反地衬托出一个中心思

想——一篇文章的主题来。

主题的把握得正确与否，是决定于作者的思想的。

所以，一个初学写作者必需学习思想方法，对现实（题材）多多地体验，精密地观察。在平日既有这样的准备，写起文章来的时候，只要题材现成，这就可以确定主题，毫不困难地动起手来了。

★ 主题的把握得正确与否，是决定于作者的思想的。

九　字和词·土话和成语

文章的基础是字句，所谓“积字而为句，积句而为段，积段而为篇”，可以说是一定的程式。曾国藩在给刘孟容的信里说，“古圣观天地之文，兽迮[1]鸟迹，而作书契，于是乎有文。文与文相生而为字；字与字相续而为句；句与句相续而为篇”。前人作书，往往根据这些来立论，一谈到古文作法的时候，就有炼[2]字、斲句等等的名目。这以后，我们也要来谈谈字句方面的一般的法则，以及怎样应用这法则的问题了。

文章就是写出来的语言，除了缮写、印刷等等技术上的手续外，两者的性质并无明显的区分。作者应该磨炼自己的语言，使它正确而又活泼地传达出所见

❶ 迮（zé）：逼迫、仓猝。

❷ 炼：原书为“练”。后同。

所思的事物来。因此，这里所讲的问题，虽然属于文章的范围，论理，也可说是属于语言的范围的。不过由于历来中国语文的分歧，修辞因此也不能不有所差别了。

在这一章里，我们先来谈谈字和词、土话和成语等等的洗炼与应用。

★ 大抵中国的语言宜于用偶数来结合，所以有些单字，因为要凑成偶数，往往加上一个同义的字眼，成为合体的词儿。

现行的许多书籍里，大抵都用“词”这个字，来统称独体的单字和合体的词儿，正如古人的只用“字”来包括两者一样。在这里，为了使初学者易于明了起见，我仍旧用它们各别的名目，却混合地加以述说，希望读者因此更能看出两者之间的关系，知道字和词的应用，完全是随着需要来决定的。大抵中国的语言宜于用偶数来结合，所以有些单字，因为要凑成偶数，往往加上一个同义的字眼，成为合体的词儿。例如：——

道路　方法　书籍　策略　睡眠　行走

询问　嗜好　羞耻　喜欢　贫穷

等等。这种转变，完全是为了便于念说的缘故。我们常说“筑路”，也常说“铺筑道路”，却从来不说“铺筑道”或“铺筑路”的，在这种场合，必须把独体的单字转成合体的词儿，这些词儿大抵都保持着单字原来的意义。但也有例外的，如“看”和“看见”“我看一本书”和“我看见一本书”，那意义就全不一样；又如“走”和“奔走”“我走了一通”和“我奔走了一通”，那意义，也是全不一样的。

单字的转成词儿，还有一种方法是加“儿”字或“子”字，例如鞋、帽、桌、椅之类，也可以叫做鞋儿、帽儿、桌儿、椅儿，或者鞋子、帽子、桌子、椅子的。至于船、车、书、纸的称为船只、车辆、书本、纸张，所加的则是单位字。作者必先熟谙转变的方法，这才谈得到洗炼和应用。

沈德潜[1]《说诗晬语》[2]里说：“古人不废练字法，然以意胜，故能平字见奇，常字见险，陈字见新，朴字见色，近人挟以斗胜者，难字而已。”这大概并非虚语，刘彦和在《文心雕龙》里，就替我们留下了练字的四诫：一避诡异，二省联边，三权重出，四调单复。可见古人在作文的时候，不但要避去难字和重复的字，而且连边旁的异同，笔画的多少，也都十分讲究的。不过真能以“平字见奇，常字见险，陈字见新，朴字见色”的，却又并不多。大家所挟以斗胜的，其实不过是难字而已。

举个例说，汉朝的卫宏[3]和扬雄，就都是喜欢奇

❶ 沈德潜（1673–1769）：清代诗人，著有《沈归愚诗文全集》。

❷《说诗晬语》：按照时间线索梳理诗歌发展的历史，并注意清理历代诗歌间的承继关系，梳理各体诗歌的发展脉络，是叶燮诗学理论的实践和具体应用。《说诗晬语》将叶燮精英化的理论与大众所需要的价值标准结合起来，构建了宏阔融通，能为普通文人所接受的诗史框架。

❸ 卫宏：东汉著名学者，作有《毛诗序》。

字的，那原由当然是因为奇字难，不易懂。我们试一翻看那时候的诗赋，则奇谲古奥，全是些不经见的僻字，不易懂的词汇，汉朝的文人本来是以深通字学自炫的，然则以渊古自喜，又岂只卫宏和扬雄而已。汉以后，这样的例子也不少，最有名的是欧阳修嘲笑宋祁的故事，据张晋侯《遣愁集》[1]里说：

> 宋景文修唐史，好以艰深文浅易之语，欧阳公同在馆，思有以训之。一日，大书壁云："宵寐匪祯，札闼洪休。"宋见之，笑曰："非夜梦不祥，题门大吉耶？何必求异如此！"公笑曰："《李靖传》云，'雷霆不暇掩聪'，亦是类也。"景文大惭。

由此看来，沈德潜的非难近代，不免偏袒古人，清以来文人的爱用生僻字眼，大背《康熙字典》[2]，那风气，其实是由来已久了。自从白话文兴起以后，人们已不再有这种古怪的癖好，所以用难字僻词来卖弄才情的，似乎并不多。然而不多而已，却不能说没有。所以在讲到白话文作法的时候，关于难字和僻词的处置，也还不能不交代清楚的。

用字和选词的主要条件是正确、明白、生动、质朴这几点。正确就是恰到好处，不能更易的意思，换一句话说，那就是贴切。我们知道，有许多字，在同

[1]《遣愁集》：清代张贵胜编著，仿冯梦龙《古今谭概》之体，采辑古今杂事，分五十四门，每门皆有小序，分为"解颐""绝倒""趣事""交谊""警悟""快心"等段落，每条间附评语，然不注出处，亦间或附入己作。所采以谈话笑话为多，或妙趣横生，或发人深省。

[2]《康熙字典》：清代张玉书、陈廷敬等三十多位著名学者奉康熙圣旨编撰的一部具有深远影响的汉字辞书。

★ 白话文兴起以后，从日本和欧美输入了许多新词汇，这是非常必要的，但大家不加思索，拿来应用，却又造成了滥用词汇的现象。

一条件下，往往因对象不同而互异。例如，我们可以说“一个人”“一只狗”“一根火柴”，却决不能说“一只人”“一根狗”“一个火柴”，虽然在意义上并没有什么差别，但习惯成了自然，“个”“只”“根”三字却不能混用了。这种不正确和不贴切的现象，在词儿的应用上更为显著，白话文兴起以后，从日本和欧美输入了许多新词汇，这是非常必要的，但大家不加思索，拿来应用，却又造成了滥用词汇的现象，例如：“发明”这个词，总算不很陌生了吧，然而竟有人把“哥伦布发见新大陆”，写成了“哥伦布发明新大陆”；“目的”这个词，也总算不很陌生了吧，然而竟有人把“不能不变更去取之标准”，写成了“不能不变更去取之目的”；及到最近，还有一位先生在所写的电影批评里，用了这样的一句话：“应该扬弃掉它的坏处”，他竟不知道“扬弃”这个词里，包含着“除弃、保留、发扬”三层意义，为着一时口顺，居然忘其所以，不论好坏，统统都给弃掉了。此外如单字里的“老”和“旧”“的”和“得”“可”和“能”，词儿里的“知觉”和“知识”“研究”和“学习”“经验”和“履历”，等等，或因形声相类，或因意义相近，彼此比较易于混淆。而且有些词汇，往往因阶级和地域的不同，遂使

用途也有差别。在广东话里夹用了上海的土话“白相”，固然不大贴切；而在一个未受教育的粗汉的谈吐里，插入了托辣斯、恋爱观、诗云、子曰之类的字眼，同样是不算正确的。

正确的条件做到以后，还得讲求明白，相传白居易做诗一脱稿，首先是去念给村媪❶听，听得懂的才算是定稿。我们写文章的时候，选词用字，也须注意两点：一、写给谁看，二、能不能清楚地传达出自己的本意。第一点是要认清对象，使文章的内容合于读者的程度；第二点是要确定字义，有许多字，往往含有好几个意义，例如《论语》上的“攻乎异端，斯害也矣！”的“攻”字，就有两种说法：一种是把“攻”字当作攻读解，说是研究了邪说，受其影响，这就不好了；一种是把“攻”字当作攻击解，说是攻击了异端，引起反感，这就不好了。两种意思全都说得过去，究竟哪一种是本意呢？却无从明白。这种意义模糊的现象，在词儿里比较少一点。有些单字，用入白话文的时候转成词儿，往往可以变模糊为明白。例如一个“道”字吧，在文言文里有许多意义，译成白话，或者叫做道理，或者叫做道路，或者叫做道教，可就十分明白了，这是因为单字已经转成了词儿的缘故。倘是

❶ 媪（ǎo）：对老年妇女的敬称。

单字，模糊的现象还是存在的。譬如吧，同样是“我要去了”这句话，“要”字就有两种解释：如果重音是在“去”字，这是我得走了的意思，如果重音是在“要”字，这就成为本来不肯去，现在却愿意去了的意思了。这种字眼，倘使在上下联句里没有暗示或补叙，那就非把它弄明白、弄清楚不可。

生动的意义相当于活泼。刘公勇[1]在词话里谈到炼字的时候，他说：“红杏枝头春意闹，一‘闹’字卓绝千古，字极俗，用之得当，则极雅，未可与俗人道也。”但是，据我看来，这并不是雅与俗的问题，而且也不妨跟俗人谈谈。干脆说一句，这个“闹”字的好处就在于生动。如果我们用“生”字，“红杏枝头春意生”，就觉得描写春意的程度还不够，太弱；如果用“浓”字，“红杏枝头春意浓”，程度深了，却又太死板，远不及“闹”字能够传达出一种活生生的情状。前几年，有人反对大众语文，以为“大雪纷飞”总比“大雪一片一片纷纷地下着”来得简要而有神韵，鲁迅在《花边文学》[2]里，曾经指出“大雪纷飞”里并没有“一片一片”的意思，而且这也不是标准大众语，为了提供例证，他就举出《水浒传》里的“那雪正下得紧”来。不错，这一句比上面两句好得多了，因为更有神

❶ 刘公勇：即刘体仁（1624–1684），字公勇，清代诗人，著有《识小录》《七颂堂集》《蒲庵集》。

❷《花边文学》：鲁迅的一部杂文集，收录了鲁迅在1934年所写的杂文六十一篇。

韵，而所以更有神韵的缘故，主要的就在于这句子里的一个“紧”字的生动。此外如阎婆惜抓住了宋江和梁山泊好汉私通的证据时，她说：“今日也撞在我手里，……且不要慌，老娘慢慢地消遣你。”“消遣”这个词儿，在这里，活活地传出了一个泼妇的毒辣的心肠，也是十分生动的。

生动的字眼大都很平易——也就是所谓质朴。质朴应该是文章的本色。倘有平易的字眼可用，就得应用这些平易的字眼，不必更求华饰的。六朝的文章类多丽辞，近人如徐志摩，也有“浓得化不开”之称，但这些毕竟还有文采，下焉者却用绮丽的辞藻，来掩饰空虚的内容，那就一无足观了。唐朝的徐彦伯[1]就有所谓“涩体”[2]，《唐诗纪事》[3]里说他在提笔作文的时候，一定要把凤阁写作鹓阁，龙门写作虬户，金谷写作铣溪，玉山写作琼岳，竹马写作筱骖，月兔写作魄兔，以求华巧和深奥。郎瑛[4]《七修类稿》里也有类似的记载：——

虞子匡一日递一诗示余曰，“请商之，何如？”余三诵而不知何题。虞曰，“吾效时人换字之法，戏改岳武穆送张紫崖北伐诗也。”其诗曰：“誓律飚雷速，神威震坎隅。遐征逾赵地，力战越秦墟。骥

❶ 徐彦伯（？ –714）：唐代诗人，代表作《三教珠英》。

❷ 涩体：亦作“澁体”。指艰涩难读、自成一格的文章体式。

❸《唐诗纪事》：唐代诗歌集，凡81卷，南宋计有功编。

❹ 郎瑛（1487–1566）：明代藏书家，著有《青史衮钺》60卷。

蹂匈奴顶，戈歼鞑靼躯。旋师谢彤阙，再造故皇都。”岳云：“号令风霆迅，天声动北陬。长驱渡河洛，直捣向燕幽。马喋月氏血，旗枭克汗头。归来报明主，恢复旧神州。”不过逐字换之，遂抚掌相笑。

“三诵而不知何题”，足见这种文章的无用了。倒不如质朴的句子如“池塘生春草”“枫落吴江冷”“澄江静如练”“空梁落燕泥”等，来得自然浑成。王安石说得好：“诚使巧且华，不必适用；诚使适用，亦不必巧且华。要之，以适用为本。”在白话文里，我们也同样可以看到许多有意无意地用着的华巧的单字和词儿，这些常常是不必要的，而且反足以蔽害文意，应该斟酌排除，“宁质勿华，宁拙无巧”，使字句渐趋平易，这才能够合于质朴的条件。

除此以外，从积极修辞方面说，单字也还有几种不同的变化。第一，是把两个同样的单字连起来，成为词儿，普通都叫叠字。这种叠字当以形容词和副词为最多。就效用讲，是借和谐的声调，来增强语气，加重内含的情感的。例如：——

（一）喓喓草虫，趯趯阜螽，未见君子，忧心忡忡。

——《诗·国风》[1]

[1]《诗·国风》：大部分作品是劳动人民的集体创作，是《诗经》中的精华。《诗·国风》的艺术特色，在于许多诗篇来源于社会现实，直接抒写对生活的真实感受，不加粉饰。

（二）彼黍离离，彼稷之苗，行迈靡靡，中心摇摇。

——《诗·国风》

（三）河水洋洋，北流活活，施罛涉涉，鳣鲔发发，葭菼揭揭，庶姜孽孽，庶士有朅。

——《诗·国风》

（四）战战兢兢，如临深渊，如履薄冰。

——《论语》

（五）纷纷籍籍相乱。

——《韩昌黎集·读〈荀子〉》

（六）暗暗淡淡紫，融融冶冶黄。

——李义山：《咏菊》

（七）寻寻觅觅，冷冷清清，凄凄惨惨戚戚。

——李清照：《声声慢·秋情》

从上面这些例子里，我们知道叠字不但可以单独应用，而且还可以一组一组地聚起来，结成句子的，比如李清照的《声声慢》[1]就是。我们平常讲话的时候，也有很多由两组叠字合起来的语句，像“模模糊糊”“客客气气”“爽爽快快”“鬼鬼祟祟“清清白白”等，就单字而论，这些都只是双叠，有时还有三叠的词儿，像“罢罢罢”“来来来”“去去去”之类，通常虽用标点分开，但就声音而论，却应该连在一起。旧时的例子如陆游的《钗头凤》[2]：——

[1]《声声慢》：宋代女词人李清照的作品。作品通过描写残秋所见、所闻、所感，抒发自己因国破家亡、天涯沦落而产生的孤寂落寞、悲凉愁苦的心绪，具有浓厚的时代色彩。

[2]《钗头凤》：宋代文学家陆游的词作，写的是陆游自己与原配唐氏的爱情悲剧。

红酥手，黄藤酒，满城春色宫墙柳。东风恶，欢情薄，一怀愁绪，几年离索，错错错。　春如旧，人空瘦，泪痕红浥鲛绡透。桃花落，闲池阁，山盟虽在，锦书难托，莫莫莫。

元朝赵显宏[1]更替我们留下了四叠的例子，他的《昼夜乐》说：——

风送梅花过小桥，飘飘飘飘地乱舞琼瑶，水面上流将去了，觑绝似落英无消耗，似那人水远山遥。怎不焦，今日明朝，今日明朝，又不见他来到。

这里的"飘飘飘飘"并非由两组叠字连合，而是由四个单字叠起来的。白话文因为比较接近于口语，这样的例子也不少。譬如甲、乙两人谈话，甲对乙表示不满意和不服气，而又不愿意多加申说的时候，他的嘴里就会漏出联珠似的"好好好好"的声音来，按照通常的习惯，这"好"字往往也是三叠或者四叠的。

第二，是由两个意义完全相反的单字连起来，成为对衬词。这种对衬词也和叠字一样，是中国语言特有的现象。普通是在一件事物里包含着两种相反的成分或动作，以及有这种相反的可能性而尚难决定的时候，拿来应用的。例如：——

[1] 赵显宏：生卒年不详，元代作家，工散曲，所作有和李伯瞻的殿前欢四支，今犹存。

（一）格于上下，克明俊德。

——《尚书·尧典[1]》

（二）参差荇菜，左右流之。

——《诗·国风》

（三）小大由之。

——《论语》

（四）国之所以兴废存亡者亦然。

——《孟子》

（五）只得跟着奶奶，我们学些眉眼高低、出入、大、小、上下的事儿，也得见识见识。

——《红楼梦》

有时候，也有明知偏重在那一面，而仍旧用对衬词来补足语意的句子，如：——

（一）老汉这得随他性子，不知使了多少钱财，投师父教他。

——《水浒》

（二）那丈人郑老爹见女婿就要做官，责备女儿不知好歹，着实教训了一顿。

——《儒林外史》

（三）若有便人，可通过信息来往。

——《水浒》

上面所举的“多少”其实是指多，“不知好歹”其实是指不识好，“来往”其实是指来，在意义上，都是

[1]《尧典》:《尚书》的首篇，其内容涉及所谓尧时期的政治体制、政治思想以及社会制度等方面的内容。

偏于一面的。这可说是对衬词的一种变格的用法。

至于成语和土话，应用的范围虽然小一点，但给予文章的意义，却还是非常重大的。有些句子，往往因为夹入了成语或土话，这才显得生动，显得灵活，例如上面所举的“那雪正下得紧”“老娘慢慢地消遣你”等等，其中就夹有古代的土话。我们知道，新文学家里面，老舍的小说里常用北京土话，鲁迅的文章里常用绍兴土话，这些不但建立了他们的特殊的风格，单就语言这方面说，也使表现更有力量，更底于成功的境地。因为从民间得来的词汇，常常是十分新鲜的。

古文家大都讲究“雅驯[1]”，反对在文章里用入民间——引车卖浆者所操的语言，所谓“其文不雅驯，搢绅先生难言之”，要为穿“长祴[2]袑”的先生们看不起。实在说来，古代的诗文里是很多土话的，《尚书》和《诗经》里的例子，我在前面已经谈过，这里不再枚举了。汉朝的扬雄就有专谈方言的稿子，郑康成和郭璞注书，也都夹杂着齐语和江东语。较早一点的作品如《史记》，记载陈涉的乡人说话，“夥颐，涉之为王沉沉者”，中间也夹用着土话。唐人诗里的“遮莫”“耐可”“里许”“若个”等等，都是从那时候的口头语里撷取得来的，也有通首平易，明白如话，像杜

[1] 雅驯：指文辞优美，典雅不俗。

[2] 祴（mǎn）：古代巫术求雨。

子美所做的一些诗，现在且举一首[1]在下面：——

夜来醉归冲虎过，昏黑家中已眠卧。
傍见北斗向江低，仰看明星当空大；
庭前把烛嗔两炬，峡口惊猿闻一个。
白头老罢舞复歌，杖藜不寐谁能那。

此外如宋的语录、元的词曲、明清的小说，虽然文体已经采用白话，但和纯粹的口语毕竟是有区别的，所以作者也常常引用土话，借以毕肖书中人的声口，例如《水浒传》里描摹英雄好汉，连各人自称的代名词，也都彼此不同，或者称“俺”，或者称“洒家”，或者称“爷爷”，或者称“小可”，在这些通俗的称谓上，就把各人自己的不同的性格、身份和地位，多多少少地刻画出来了。《海上花列传》里的用苏白[2]，《红楼梦》里的用“京片子”，也都有同样的意义。

成语，通常是指一些用惯了的四字句，如“风声鹤唳”“水落石出”“张冠李戴”“司空见惯”“桃红柳绿”“徐娘半老”“风度翩翩”之类。这些烂调，最为初学写作者所爱用，然而又最易被误用。虽然在上下接榫[3]处可以装头添足，但骨子里毕竟还是一串串的四字句，往往成为文章的累赘。即使用得适当，也只是一副死板板的呆相，早已失掉存在的意义，并无动

[1] 下面一首为杜甫的《夜归》，这首七言绝句诗描写深夜归家的情景。

[2] 苏白：苏州话；京剧、昆曲等剧中用苏州话的道白。

[3] 榫（sǔn）：器物两部分利用凹凸相接的凸出的部分。

人的力量了。这些陈词滥调[1]，倘能避免，我想，是应该竭力避免的。所以这里的所谓成语，指的并不是这种四字句，而是日常在口头上应用惯的谚语俗话。这些谚语俗话，大都烫刺着产生它们的社会环境的烙印，表现出现实的机智；它刚健、清新，是文章的最好的养料，一经吸收，就使所描绘的情景更为灵活和生动起来。例如：——

（一）那妇人被武松说了这一篇，一点红从耳朵边起，紫涨了面皮，指着武大便骂道："你这个腌臜[2]混沌，有甚么言语在外人处说来，欺负老娘。我是一个不戴头巾男子汉，叮叮当当响的婆娘，拳头上立得人，胳膊上走得马，人面上行得人，不是那等搠不出的鳖老婆。自从嫁了武大，真个蝼蚁也不敢入屋里来，有甚么篱笆不牢，犬儿钻得入来。你胡言乱语，一句句都要下落，丢下砖头瓦儿，一个个要着地。"

——《水浒》

（二）差人恼了道："这个正合着古语满天讨价，就地还钱，我说二三百银子，你就说二三十两，戴着斗笠亲嘴，差着一帽子，怪不得人说你们诗云子曰的人难讲话。——这样看来，你好像老鼠尾巴上害疖子，出脓也不多，倒是我多事，不该来惹这婆子口舌！"

——《儒林外史》

❶ 陈词滥调：原书为"陈词烂调"。

❷ 腌臜（āzā）：肮脏，不干净。

这两段文章里，包含着许多土话和谚语[1]，它们巧妙地托出了两个典型，一个是尖嘴泼辣的婆娘，一个是刁钻奸猾的差人。由于所引用的语言的通俗和活泼，我们不能不承认这两个典型的真实、生动和活龙活现。

民间的土话和成语，被引用到白话作品里面来的，其实并不多。这是一个丰墩，这是一条大路，我们应该用批判的方法，加以发掘和开辟。

[1] 谚语：长期流传下来的寓意丰富、文词固定简炼的古训、俗语。

十　句子的构造和安排

★ 句子是文章的较大的单位，要使文章写得通顺，那就非把句子造好不可。

在这一章里，我们要谈到句子的构造和安排了。

由两个以上的单字结合起来，表示一种完全的思想或动作的，是句子。句子是文章的较大的单位，要使文章写得通顺，那就非把句子造好不可。怎样才能把句子造好呢？我以为应该注意的有两点：第一，句子本身构造的合于文法；第二，摆入文章里面去的时候上下前后的妥帖与和谐。

关于第一点，那就是句子本身的构造问题。一个句子里至少需有两个部分——主语的部分和述语的部分，所以，最短的句子也得要有两个字。例如：——

（一）你来。

（二）我去。

（三）鸟鸣。

（四）花落。

述语可以拉长，主语的前面可以加形容词，所以两个字的句子也可以衍成为：——

（一）你从山坡上缓缓地下来。

（二）我打那条小路过去。

（三）百鸟齐鸣。

（四）那朵深红的小花昨夜已经凋落了。

这些句子虽然比较长一点，但就文法而论，却还是单句，不算复杂的。复杂的句子里有许多分支，为了节省篇幅，这里只把二、四两句衍为复句，作为这一方面的例子：——

> ★ 复句虽然有许多顿逗，但必需读完全句，这才能够明白所含的意义。

（二）为了避免被敌人撞见，我就舍弃了那条两旁驻扎着大队人马的官道，情愿多吃些苦，打小路过去。

（四）经过一夜的狂风暴雨，院子里那朵深红的小花，经不起摧残，已经凋落得不留一点痕迹了。

复句虽然有许多顿逗，但必需读完全句，这才能够明白所含的意义。用文法来分析，复句和单句的构造，除了繁简的不同外，两者是完全一样的。

但是，也就因为繁简不同的缘故，造句的难易仿佛有了差别。一般说来，单句容易合乎律例，复句因为繁复的缘故，易犯文法上的毛病，这里且从手边的书里列举几种在下面，作为写作时候的参考。第一种是脱漏和累赘：——

★ 一般说来，单句容易合乎律例，复句因为繁复的缘故，易犯文法上的毛病。

（一）为了去解答这个问题，我十分地分析过这草原上所有的社会的机构。

（二）从 ×× 先生战前到战后的创作和理论大体上说来，在今天并没有怀疑作为一个艺术家的他的良心的根据。

（三）在无数的不可计算的失去的村镇中，最使我因怀念而想起的，是我的出生地——故乡。

上面第一个例子里，“我十分地分析过”是不通的，一定得说“我十分精细地分析过”，才能算作一个完备的副词；第二个例子里，“从……创作和理论大体上说来”，虽然勉强看得懂，但按照句法，是应该写作“从……创作和理论的大体上说来”的，而“在今天并没有怀疑作为……的根据”，也应该写作“在今天并没有可以怀疑作为……的根据”，这才使句子站得牢，收得住；第三个例子里的“无数”和“不可计算”“怀

念”和“想起”“出生地”和“故乡”，在意义上都是重复的，这样的文章而流布开去，岂不等于戴着两顶帽子，却又招摇过市么？这种脱漏和累赘，是造句首先应该注意的弊病，不能含糊过去。第二种是转折得不够清楚：——

（一）我觉得这样的生活太没有意义，但是我无论如何也不能顺受了。

（二）高个子，浓眉大眼，满脸横肉，不过看过去却又凶恶得很。

（三）也许是：溪边银杏在滴红，
一万丈飞帛穿过了危崖；
可是这片月光下，千百次
询问，只有山谷和你答话。

★ 一个句子的含义有了转迁的时候，中间就得夹用转折词，大都前后稍有不同的是转，截然相反的是折。

一个句子的含义有了转迁的时候，中间就得夹用转折词，大都前后稍有不同的是转，截然相反的是折。有些人因为“但是”“然而”惯了，演讲的时候满嘴里都是“不过”，文章里呢，就在意义没有转迁的地方，也用了转折词，譬如上面所举的例子，就都是的。这种毛病最为初学写作者所易犯。第三种是单数和多数的误置：——

（一）在许家镇上，碰到五六个操着余姚口音

的孩子在一株大柳树下休息，我们过去，和他们扳谈，问他们去处，他们说："我要穿过马鞍岭，到萧山前线去。"

（二）人们是残酷的东西，当他的血盆似的大口张开来时，哪一种生物能够逃避被吞噬的命运呢！

第一个例子里的"他们说：'我要穿过马鞍岭，……'"必须改为"他们说：'我们要穿过马鞍岭，……'"才对，因为多数的"他们"说话，是不能用单数的"我"来自称的。第二个例子里的"人们是残酷的东西"，是多数；"当他的血盆似的大口张开来时"，忽而又用单数，也是不对的，必须把上面一句改为"人是残酷的东西"才对，因为这样一来，前后就可以合调，不至于牛头不对马嘴了。第四种是称谓的错乱：——

★ 如果作者是述说自己，追叙往事，那就宜于用第一人称，如果置身事外，纯属客观，那就宜于用第三人称。

（一）予既哭瞿先生，久之，不能忘。尝他出，过所居晋阳浮图，往往返其辙。

（二）英弟！你曾经对我说过，你一天也不能离开我，现在言犹在耳，你又为什么撇弃了她，独自远去，让她一个人留在人世呢！

当一篇文章脱稿的时候，如果作者是述说自己，追叙往事，那就宜于用第一人称，如果置身事外，纯

属客观，那就宜于用第三人称。既经择定，彼此是不能移用的。上面第一个例子里，“予既哭瞿先生”的“予”，和“往往返其辙”的“其”，所指的都是作者自己；第二个例子里，“你曾经对我说过，你一天也不能离开我”的“我”，和“你又为什么撇弃了她，独自远去，让她一个人留在人世呢”的“她”，所指的也都是作者自己。这样的忽“予”忽“其”，忽“我”忽“她”，不但使文意含混，而且在文法上，也是说不过去的。

这四种毛病，在普通的文章里常能找到，就以上面所举的例子说，有些是从初学写作者的文章里摘出来的，有些则是所谓名家的手笔。久亲笔墨的人尚且如此，足见那错误的普遍了。

★ 要使句子摆在文章里面妥帖与和谐，就得注意上下前后的关连，顺着文气，随着需要，再来决定句子的式样。

关于第二点，那就是句子的安排问题。要使句子摆在文章里面妥帖与和谐，就得注意上下前后的关连，顺着文气，随着需要，再来决定句子的式样。我们知道，同样一个意思可以用几种不同的字眼，同样一个句子可以有几种不同的说法，我们应该深通句法的变化，默记各别的式样。如果第一次写下的句式不妥当，就来换一种，仍不妥当，再来换一种，这样不断地换下去，直到完全妥帖而后止。普通的句法的变化如：——

昨天下午我和两个同学到法国公园去散步。

我和两个同学到法国公园去散步是在昨天下午。

昨天下午到法国公园去散步的是我和两个同学。

昨天下午我和两个同学去散步的是法国公园。

我于昨天下午和两个同学到法国公园去散步。

我和两个同学于昨天下午到法国公园去散步。

法国公园是昨天下午我和两个同学去散步的地方。

我是昨天下午和两个同学到法国公园去散步的人。

★ 文言文的拥护者常常把简短作为造句的优点之一，这其实是不大确切的。

上面是八个同一意义而重点略有区别的式样不同的句子，自然，一个句子的变化是决不止八种的，倘使把字面稍加改动，一定还可以写出别的许多式样来，大抵句子愈长则变化愈多，这里只举这八种，我想，大概也可以略见一斑了吧。

除了字面位置的更动外，一个句子至少还有两种不同的变化，那就是长短和单排的问题，如果说字面位置的更动是句子本身的变化，那么，长短和单排，可以说是句与句之间的变化了。

文言文的拥护者常常把简短作为造句的优点之一，这其实是不大确切的，我以为至少先得看看这简短的含义的是否正确。硬要把文章写成简短，这就会

使词意含混，因而影响到作品的内容；反过来，倘使句子里有冗长而不必要的字眼，那也是应该加以清除的。刘知几在《史通》[1]里，论及《汉书·张苍传》里的“苍免相后，年老口中无齿食乳”，以为其中的“年”“口中”三字，是多余的，改为“苍免相后，老无齿，食乳。”意思既没有出入，词句也较为洁净，这见解很不错。《给初学写作者的一封信》里引奥里明斯基[2]的话，也有同样的意见：——

> 为驳复外间的诽谤起见，举个还未忘记的例子来说。有篇文章，我记得好像是描写蒂威尔城的示威游行似的。文末谓：“在游行的地方，曾来了地方警察，拘捕了八个游行示威的人。”这种类似的句子是很普通的。把它们整个儿的排印起来是否需要呢？譬如“地方”两字，难道在蒂威尔城来的警察，不是当地的，而是卡桑的么？其次，“在游行的地方来了”云云，难道警察不来可以拘捕么？至于“警察”云云，除了警察以外，谁还可以捕人呢？最后，“游行示威的人”云云，自然，不是母牛，也不是行路的人吧。所以，留下排印的仅为“八人被捕”，即是所需要者，其余的统统删掉了。

废话的删去固属必要，但是硬把句子装成简短，却又可以减低句子的明确性，使意义不能完整。普通

[1]《史通》：中国及全世界首部系统性的史学理论专著，作者是唐朝的刘知几。全书内容主要评论史书体例与编撰方法，以及论述史籍源流与前人修史之得失。

[2] 奥里明斯基（1863–1933）：俄国报刊活动家。

的文言文，就都有这样的弊病。唐子西[1]《文录》：——

> 东坡诗叙事，言简而意尽。惠州有潭，潭有潜蛟，人未之信也。虎饮其上，蛟尾而食之，俄而浮骨水上，人方知之。东坡以十字道尽云："潜鳞有饥蛟，掉尾取渴虎。"言"渴"则虎以饮水而召灾，言"饥"则蛟食其肉矣。

简短诚然是简短的，但按以唐子西的文章，含义却并没有完尽。首先，这十个字里并没有指出所在地的惠州，也没有"人未之信也"和"浮骨水上"的意思，这样说来，东坡十个字比唐子西文章里的"潭有潜蛟，虎饮其上，蛟尾而食之"，只不过少了三个字，意义却反而含混，可见是并不高妙的。名手如东坡尚且如此，其他的自然更不必说了。

《唐宋八家丛话》里记载奔马的故事，也是关于简短的问题的：——

> 欧阳公在翰林日，与同院出游，有奔马毙犬于道，公曰，"试书其事。"同院曰，"有犬卧通衢，逸马蹄而死之。"公曰，"使子修史，万卷未已也。"曰，"内翰以为何如？"曰，"逸马杀犬于道。"

简短诚然也是简短的，然而主词的地位变动了，未必尽合原意。句子的好坏不能由长短来判断，或长

[1] 唐子西：即唐庚（1070—1120）：北宋诗人，代表作有《醉眠》《春归》《张求》《讯囚》《白鹭》等。

或短，必须合乎提笔时候的需要，什么是提笔时候的需要呢？这就是含义的完整和明确。

然而完整、明确之外，一面也还得讲求格调的和谐，世上固然不会有通篇都是长句的文章，也决不会全是短句的，要不然，那便成了毫无趣味的《三字经》了，所以普通的文章总是有长句，也有短句，不但长短相间，而且单排互参，读起来十分匀畅，可以琅琅上口，曲尽抑扬顿挫之妙的。

单句就是自成起讫，可以独立的句子，在普通的单句里，不但忌用太多的相同的字眼，连太多的相同的句调，也得避免，譬如：——

> 两人的脾气是不同的。自然，相通之点是有的，但比较起来，差别是显然可见的。

这种句子在文法上并没有毛病，因为连用了几个“是……的”，读起来却非常不顺口，不舒服，这是因为单句忌同的缘故，倘是排句，即使句法和字眼相同，可就反而见得谐和了。例如：——

> （一）江之南，有贤人焉，字子固，非今所谓贤人者，予慕而友之；淮之南，有贤人焉，字正之，非今所谓贤人者，予慕而友之。
>
> ——王安石：《同学一首别子固》[1]

[1]《同学一首别子固》：王安石在青年时期所写的赠别之作。文中没有世俗常见的惜别留念之情，表达了作者想和友人建立共同进步的君子之谊。文章笔法紧凑，开合有度，清人金圣叹评曰：“此为瘦笔，而中甚腴。”

（二）同伴远走高飞，有的发了财，有的做了官，有的为害于民，有的为利于国，有的流转沟壑，死而不得其所。……

——李健吾：《希伯先生》[1]

（三）教之在中国，何尝不如此。讲革命，彼一时也；讲忠孝，又一时也；跟大拉嘛打圈子，又一时也；造塔藏主义，又一时也。有宜于专吃的时代，则指归应定于一尊，有宜于合吃的时代，则诸教亦本非异致，不过一碟是全鸭，一碟是杂拌儿而已。

——鲁迅：《吃教》[2]

属于同一范围或同一性质的事象，用字数相近、组织相似的句法逐一表现出来，这就是排句。有些是短排，如第二例；有些是长排，如第一例。但即使是排句吧，它的本身也还须有变化，决不能用一种句法排到底的，譬如第二例的“有的发了财，有的做了官”，是一种式样，“有的为害于民，有的为利于国”，又是一种式样，“有的流转沟壑，死而不得其所”，则又单独的成为一种式样，和前面两句一排的不相吻合了，这正是使文章灵活多采，避免呆板的办法。

再就意义上说，排句也有逐步分别浅深的，或则由浅而深，或则由深而浅，例如：——

[1]《希伯先生》：近代著名作家李健吾的一篇记人散文，作者笔墨集中，运用形神互衬的手法，在千余字的篇幅里，塑造出了一个活脱脱的希伯先生。

[2]《吃教》：出自鲁迅的杂文集《准风月谈》。

（一）名不正，则言不顺；言不顺，则事不成；事不成，则礼乐不兴；礼乐不兴，则刑罚不中；刑罚不中，则民无所措手足。

——《论语》

（二）前年的今日，我避在客栈里，他们却是走向刑场了；去年的今日，我在炮声中逃在英租界，他们则早已埋在不知哪里的地下了；今年的今日，我才坐在旧寓里，人们都睡觉了，连我的女人和孩子。

——鲁迅：《为了忘却的纪念》[1]

（三）我始而静思，继而沉吟，终于大笑。

——唐弢：《拾得的梦》

这些句子，含义都是一步紧似一步，不像前面所举的例子似的，彼此并列了。这可以说是排句的别一格。但在形式上，并没有显然的区别。

出乎排句，而在形式上又和排句稍有区别的，是修辞学上称为反复格的句子。正如字之有复叠一样，反复的句子也是为了要表现强烈的情感和意见，这才用重复讲述的方法，把同样的话讲上好几遍。于此，人们可以得到一种强烈而又和谐的感觉，例如《论语》上的：——

命也夫，斯人也而有斯疾也！斯人也而有斯疾也！

[1]《为了忘却的纪念》：鲁迅先生为了纪念“左联”五烈士，于1933年写下的一篇杂文。

这是因为冉伯牛生了麻疯病，孔二先生非常惋惜，所以反复申说，以表示低回嗟叹的意思。相似的例子多得很，这里不再一一枚举了。但是，反复的句子还有两种不同的式样，却须交代清楚，一种是隔开来的，如：——

（一）其惟圣人乎！知进退存亡而不失其正者，其惟圣人乎！

——《易·乾卦》

（二）静静地没有一点声音。
我静静地来到这里的山上。
——时是正午。
天上没有一片浮云，
太阳牢不动地在天空钉着；
兽藏洞中，
蛇卧草里，
树脂如蜡泪一般地流着；
一滴、一滴地枯死在岩石上。
静静地没有一点声音。

——毕奂午[1]：《山中》

这种隔开来的反复句子，当以用在诗歌里的为最多，但在别的文章里，有时也一样可以找到，例如鲁迅在《出关》里，就用了好几句“好像一段呆木头”，

[1] 毕奂午（1909–2000）：现代诗人、学者，代表作有《掘金记》《雨夕》《金雨集》等。

来形容老子的毫无动静。还有一种反复的句子，是就原句加一二虚字，使字数略有变动，而仍保持大部分的面目的，如：——

（一）在我的后园，可以看见墙外有两株树，一株是枣树，还有一株也是枣树。

——鲁迅：《秋夜》[1]

（二）如果说这真是一个筵席。孩子，你为什么要先我而散去，你为什么要先我而散去呢？

——唐弢：《心上的暗影》

按照惯例，反复的句子总是申述同一意义，指点同一事物的，这里的第一个例子，所指的却是两株树，两件同样的东西。本来只用“两株枣树”四字，就可以说完了，作者却把它分成两部来说，用以增加文章的韵味，使人对此有回荡的情调、朴美的感觉。而这所谓回荡的情调、朴美的感觉，也往往是所有反复的句子的同有的特性。

一个初学写作的人，如果能够牢记句子的构造的规律、安排的法则，一面又勤于学习，随时留心，则一切造句上的困难，我想，是不难迎刃而解的吧！

[1]《秋夜》：鲁迅散文诗集《野草》的第一篇，发表于1924年12月。作者当时在北京，正和北洋军阀黑暗统治及封建势力进行着韧性的战斗。

十一　明喻·暗示·借代·比拟

★ 所谓明喻，在这里，是一个用来作为和暗示对称的名词。

懂得了句子的构造和安排，避去文法上的毛病以后，文章自然做得通顺了，然而单是通顺还不够，一面也得讲究适合、漂亮，因此在词章之外，我们还得研究一下其他方面调节的方法——有些属于材料，有些属于意境，这里首先要谈的，是明喻、暗示、借代和比拟。

所谓明喻，在这里，是一个用来作为和暗示对称的名词，在普通的修辞学里，就叫譬喻，譬喻里原有明譬和隐譬的分别，明譬就是在譬喻的前面或后面，用入了“好像”“仿佛”“犹如”“如同”“似的”“一样”等等的语词，确定了正文和譬喻的关系，

例如：——

（一）更有那一株半株的丹枫夹在里面，仿佛宋人赵千里的一幅大画，做了一架数十里长的屏风。

——《老残游记》

（二）此后回到中国来，我看见那些闲看枪毙犯人的人们，他们也何曾不酒醉似的喝彩[1]，……

——鲁迅：《藤野先生》[2]

（三）眼睛再望过去是一片淡蓝色的海水，海水是平静的，三四只帆船点缀在那里，像几个黑点。

——巴金：《香港》

这些都是明譬的例子，倘是隐譬，这就用不到"仿佛""似""像"等等的语词了，例如：——

（一）……三十功名尘与土，八千里路云和月；莫等闲白了少年头，空悲切！

——岳飞：《满江红》[3]

（二）旧恨春江流不尽，新恨云山千叠。

——辛弃疾：《念奴娇》

（三）但花下也缺不了成群结队的"清国留学生"的速成班，头顶上盘着大辫子，顶得学生制帽的顶上高高耸起，形成一座富士山。

——鲁迅：《藤野先生》

[1] 喝彩：原书为"喝采"。

[2]《藤野先生》：鲁迅的一篇回忆散文，记叙了作者从东京到仙台学医的几个生活片断，其中有东京"清国留学生"的生活情况，有从东京到仙台的旅途回忆，有在仙台的食住情况，也有受到日本具有狭隘民族观念的学生的排斥，还有一次看电影受到的刺激，而重点却是记叙藤野先生的可贵品质。

[3]《满江红》：南宋大英雄岳飞创作的一首词。它表现了作者抗击金兵、收复故土、统一祖国的强烈的爱国精神，流传很广，深受人们的喜爱。

取譬和被喻的事物，在本质上应该是绝不相同的，但那譬喻到的一点，却又必须极其相似。惟有在不同的事物里找出相同的特征来，这才能够使读者得到深刻的印象。否则说“上排牙齿如同下排牙齿”，那就等于白譬一通。正如有些字典里的注音一样，譬如我们要查“宿”字的发音，那字典里道：“宿，音夙。”不懂！再去查“夙”字时，却又道：“夙，音宿。”从这里，我们毫无所得，有的只是一点莫名其妙的感觉。

所以，除了某一点的相似外，在本质上，两者必须是截然不同的。而且取譬的事物也得比被喻的事物更为具体，更为熟悉，这才易于了解。倘是抽象的概念，则更需要用鲜明的物象来作譬，古人就常以山水喻愁多，《鹤林玉露》[1]里说：——

> 诗家有以山喻愁者，杜少陵云：忧端如山来，澒洞不可掇，赵嘏云：夕阳楼上山重叠，未抵春愁一倍多，是也。有以水喻愁者，李颀云：请量东海水，看取浅深愁，李后主云：问君都有几多愁，恰似一江春水向东流，秦少游云：落红万点愁如海，是也。贺方回云：试问闲愁知几许，一川烟草，满城风絮，梅子黄时雨，盖以三者比之愁多也，尤为新奇，兼兴中有比，意味更长。

从上面这段话里，可以知道古人常用实物来譬喻

[1]《鹤林玉露》：宋代罗大经撰的笔记集。此书分甲、乙、丙三编，共18卷。半数以上评述前代及宋代诗文，记述宋代文人轶事，有文学史料价值。

抽象的概念，而且取譬和被喻的事物，本质上并不属于一类。就材料说，取譬的事物必须稔熟、习见，但也不宜于应用人家已经嚼烂了的陈腐的譬喻，却应该另辟蹊径，从自己开头去发掘。至于明、隐譬，那倒可以随时变通，不必十分认真的。

因为这并不是主要的问题。

一个譬喻，虽然在字面上有明说和不明说的分别，但用事物来比拟思想的对象，彼此却并无不同，而且这取譬的事物总是稔熟、通俗，交代得十分清楚的，所以，无论明譬、隐譬，取材必须明显，所以在这里，我就把两者一齐纳入明喻的下面，以此来作为譬喻的代称词了。

和明喻相反的是暗示，暗示不但不用题外的事物来譬喻，来陪衬，而且要在有限的笔墨里，传达出无限的情境来，古人的所谓“意在言外”“余味不尽”等等，指的就是这类的手法，例如：——

（一）朱雀桥边野草花，乌衣巷口夕阳斜。

旧时王谢堂前燕，飞入寻常百姓家。

——刘禹锡：《乌衣巷》❶

（二）六朝旧事随流水，但寒烟衰草凝绿。

——王安石：《桂枝香·金陵怀古》❷

❶《乌衣巷》：唐代诗人刘禹锡的一首抚今吊古的诗，是《金陵五题》中的第二首。作者选取燕子寄居的主人家已经不是旧时的主人这一平常现象，使人们认识到富贵荣华难以常保，那些曾经煊赫一时的达官贵族，如过眼烟云，成为历史的陈迹。

❷《桂枝香·金陵怀古》：王安石的名作，全词以写景开头，又借玉树后庭花的典故点题，隐喻现实，寄兴遥深，堪称北宋诗坛名篇。

（三）庭有枇杷树，吾妻死之年所手植也，今已亭亭如盖矣。

——归有光：《项脊轩志》

第一、第二两个例子，都是从眼前景色，回想到往昔豪华，以暗示人事变迁，兴亡无常；第三个例子即就枇杷树生发，不但有物在人亡之感，而且从枇杷树的“亭亭如盖”，暗示出逝者已远，往事因而也不可复追。这种暗示的文句，读起来，往往比明说更耐咀嚼，更有余味，更能留下深刻的印象。

相传宋朝徽宗的时候，建设画学，常常以古人诗句命题，考试四方画工，有一次，题目是“竹锁桥边卖酒家”，许多人都在酒家上用工夫，画得精细工致，都不中式，那入选的一幅画，却只在桥头竹外，画一个酒帘，上面写一个酒字而已；又有一次，题目是“踏花归去马蹄香”，这“香”字是抽象的，画不出来，有一个画工却别出心裁，画了几只蝴蝶，飞逐着马蹄，这样一来，可就完全把“马蹄香”三字暗示出来了。后者是无中生有，前者是即少见多，都可以说是暗示的成功的手法。

除了无中生有和即少见多外，还有一种是侧面描写。譬如要描写一个美女，只说些“杏眼樱口”之类，

那印象总不免于模糊。汉乐府诗《陌上桑》[1]里，描写一个美女出门，由于她的超凡的漂亮，耕田的人放下了犁头，走路的人停止了脚步，肩挑的人歇下了担子，他们都出神伫观，忘记了自己的工作；在这里，读者也会看到一个活生生的美女，并不像直接描写出来的那样呆板、模糊。这也是暗示里的成功的手法。

在言论不自由的社会里，作者要批评政治得失，不能明言，常常只能用暗示的方法，所以暗示也是讽刺文学必具的条件，侯方域[2]《与阮光禄书》里说：——

> 士君子稍知礼义，何至甘心作贼！万一有焉，此必日暮途穷，倒行而逆施，若昔日干儿义孙之徒，计无复之，容出于此，而仆岂其人耶？

阮大铖[3]曾经依附于魏忠贤[4]门下，侯方域的所谓“昔日干儿义孙之徒”，暗地里就是指他，不过当面不加说穿而已。鲁迅的大部分作品——尤其是后期所写的短文，都有着这样的风味，现在试去翻翻《伪自由书》里的《现代史》和《大观园的人材》，读者一定可以从作者的暗示里，找到九·一八前后的时代，以及浮游于这一时代里的某些丧尽廉耻的人物。

和明喻相仿佛的是借代，不过明喻着重于事物之间的类似点，借代则着重于两者之间的关系，而且明

[1]《陌上桑》：汉代的一首乐府诗，最早见于南朝沈约编撰的《宋书·乐志》，成功地塑造了一个貌美品端、机智活泼、亲切可爱的女性形象。

[2] 侯方域（1618–1655）：明末清初散文家，明末“四公子”之一。

[3] 阮大铖（1587–1646）：明末政治人物、著名戏曲作家。所作传奇今存《春灯谜》《燕子笺》《双金榜》和《牟尼合》，合称“石巢四种”。

[4] 魏忠贤（1568–1627）：中国明朝末期宦官，曾一度权倾朝野，排除异己，专断国政。

喻仍旧以所说的事物为主体，借代却直截了当地用那关系事物的名称，来代替所说的事物，例如：——

（一）孰谓邹人之子知礼乎？

——《论语》

（二）慨当以慷，忧思难忘，何以解忧，惟有杜康。

——曹操：《短歌行》[1]

（三）马氏五常，白眉最良。

——陈寿：《三国志·马良传》

（四）无丝竹之乱耳，无案牍之劳形。

——刘禹锡：《陋室铭》

（五）汉皇重色思倾国，御宇多年求不得。

——白居易：《长恨歌》

（六）一曲清歌，暂引樱桃破。

——李后主：《一斛珠》[2]

（七）十年不见老仙翁，壁上龙蛇飞动。

——苏轼：《西江月》

（八）只有南来无数雁，和明月，宿芦花。

——文天祥：《唐多令》

（九）那么苦着把阿大养大，他可给那个狐狸精钩了魂去——跟老太婆作对。

——张天翼[3]：《善女人》

[1]《短歌行》：共二首，其中第一首非常著名。此诗通过宴会的歌唱，以沉稳顿挫的笔调抒写了诗人求贤若渴的思想和统一天下的雄心壮志。

[2]《一斛珠》：南唐后主李煜的一曲描写男女欢情的艳歌。

[3] 张天翼（1906–1985）：现代著名作家，代表作有童话《大林与小林》《宝葫芦的秘密》《秃秃大王》，小说《华威先生》《鬼土日记》等。

（十）没有风，但仍旧是非常冷，黧黑的夜晚，远处时时传来狗叫。

——丁玲❶：《冀村之夜》

从上面这些例子里，我们可以知道借代的方法。邹人之子代替孔子，杜康代替酒，白眉代替马良，丝竹代替音乐，倾国代替佳人，樱桃代替口，龙蛇代替文字，芦花代替芦花丛，狐狸精代替媳妇，狗叫代替狗叫的声音，或者根据地域，或者根据形象，或者以部分代全体，或者以具体代抽象，推而至于一件东西的制造者和所由造成的材料，也都可以作为这东西的本身的代表，就大体说，都是由两者的关系来勘定的。

借代可以使文句灵活，不致呆滞。但也有应该注意的地方，这就是关系的是否切合，如果用杜康来代替白兰地，用丝竹来代替西洋音乐，可就远离了事实，不十分恰当了。

至于比拟，却比借代更近于明喻，因为这也是着重于类似点的。通常有拟人和拟物的分别，拟人就是以物比人，拟物却是以人比物，但在应用上，后者却不及前者普遍。因为拟物的时候，多数是只取人类身上某一部分来相比，其能及于全体的，似乎比较少见。

拟人的例子以童话为最多，在一本给孩子看的书

❶ 丁玲（1904–1986）：现代著名作家、社会活动家，代表作有《莎菲女士的日记》《太阳照在桑干河上》等。

籍里，往往是狗儿也能说话，风儿也会打架的，自然，这样的例子在普通的描写文和抒情文里，也可以找到。下面就是以物拟人的例子：——

（一）感时花溅泪，恨别鸟惊心。

——杜甫：《春望》

（二）天与水远，云连山长，黄鹤晓别，愁闻命子之声；青枫暝色，尽是伤心之树。

——李白：《送魏四》[1]

（三）惟有楼前流水，应念我终日凝眸。

——李清照：《凤凰台上忆吹箫》

（四）逾时，道无行人，狼馋甚，望老木僵立路侧，谓先生曰："可问是老。"先生曰："草木无知，叩焉何益？"狼曰："第问之，彼当有言矣。"先生不得已，揖老木具述始末，问曰："若然，狼当食我耶？"木中轰轰有声，谓先生曰："我杏也，往年老圃种我时，费一核耳。……"

——马中锡：《中山狼传》[2]

（五）有一天，小鸡仍照常和小鸭游玩着，太阳已经要落山了。小鸡对着小鸭说：

"你最喜欢什么呢？"

"水呵，"小鸭回答说。

——爱罗先珂：《小鸡的悲剧》

[1]《送魏四》：应为《春于姑熟送赵四流炎方序》，为唐朝著名诗人李白所作，表现了李白对友人赵四的不幸遭遇寄予的深厚的同情。

[2]《中山狼传》：出自马中锡的《东田集》，是根据古代的传说发展而成的一个寓言故事。马中锡（1446–1512），明代官员、文学家。

（六）鬼睒眼的天空越加非常之蓝，不安了，仿佛想离去人间，避开枣树，只将月亮剩下。然而月亮也暗暗地躲到东边去了。

——鲁迅：《秋夜》

（七）这白色的小圆片在青翠色的背景前飞了起来，……也有坠在浅涧里的，那就见银光一闪，你不妨说这便是水的欢迎。

——MD：《红叶》

（八）隐隐的曙光一线，在黑沉沉的长夜里，突然地破晓。霎时烘成一抹锦也似的朝霞，仿佛沉睡初醒的孩儿，展开苹果也似的双颊，对着我微笑。

——刘大白[1]：《自然的微笑》

下面是以人拟物的例子：——

（一）刘备非久屈为人用者，恐蛟龙得云雨，终非池中物也。

——陈寿：《三国志》

（二）会胡太六，知社中兄弟，近益精进，弟谓诸兄纯是人参甘草，药中之至醇者，若弟直是巴豆大黄，腹中饱闷时，亦有些功效也。

——袁宏道：《与陶石篑书》

（三）……闻其绝命前夕，吟哦未已；手不能书，画之以指。此则杜鹃欲化，犹振哀音；鸷鸟将亡，冀

[1] 刘大白（1880–1932）：现代著名诗人、文学史家，著作有《旧诗新话》《白屋说诗》《白屋文话》《中国文学史》及旧体诗集《白屋遗诗》等。

留劲羽。

——洪亮吉:《出关与毕侍郎笺》[1]

（四）杨延辉，坐宫院，自思自叹，想起了，当年事，好不惨然！我好比，笼中鸟，有翅难展；我好比，虎离山，受了孤单；我好比，南来雁，失群飞散；我好比，浅水龙，困在沙滩；…

——京剧:《四郎探母》[2]

（五）黛玉笑道:“别的草虫不画罢了，昨儿母蝗虫不画上，岂不缺了典！”

——《红楼梦》

（六）水肿着脸的汉子，像鳄鱼慢而吃力地爬起来。

——骆宾基:《一星期零一天》

以人和物相比，人只有一个单位，而物的种类是无尽的。所以在拟人法里，不必再加上“像人一样……”的字样，这一半也是因为作者和读者都是站在人的立场上的缘故；倘是拟物，就必须指明物类，例如“笼中鸟……”“浅水龙……”或者“像鳄鱼……”等等，人们才能从所指明的物类的名称里，悟出这物类的特性——也就是所比拟的类似点来。这样，物我交融，比拟也自然更能贴切了。

❶《出关与毕侍郎笺》:出自《洪北江诗文集》，是清代文学家洪亮吉（1746–1809）的一篇散文。

❷《四郎探母》:北宋时期，杨家为抵抗北方各少数民族的进扰，全家男女老少齐上阵，演义出了一个个感人的英雄故事，至今在民间流传。这里单说杨家第四子杨延辉的故事。

实在说来，无论明喻、暗示、借代、比拟，在我们日常的口语里，是应用得很多的，倘能仔细留心，则集合许多人的嘴巴，可正是一部学习修辞的好书哩。

十二　铺张和省略

修辞上还有两种常见的现象，这就是铺张和省略。

所谓铺张，通常是也包括夸大的，一个句子的含义需要特别强调的时候，我们就往往听凭自己的主观，张饰扬厉，过度地加以铺排和渲染，譬如说愁吧，李白就有“白发三千丈，缘愁似个长”[1]的句子，正如鲁迅所说，我们以为也许有七八尺，但决不相信它会盘在顶上像一个大草囤的；又譬如说战争吧，杜甫就有“边庭流血成海水，武皇开边意未已”[2]的句子，同样地，我们以为血也许会流成沟渠，但决不相信这里面可以停泊帝国主义的舰队，驶荡有闲阶级的游艇的。这就因为作者运用了夸大的说法的缘故。同样的例子还有——

[1] 出自李白的《秋浦歌》。《秋浦歌》是组诗，共计十七首，这是其中第十五首。作者运用了浪漫夸张的手法表现了自己怀才不遇的苦衷。

[2] 出自杜甫的《兵车行》。《兵车行》是杜甫的名篇之一，此诗借征夫对老人的答话，倾诉了人民对战争的痛恨和战争所带来的痛苦，揭露了唐玄宗长期以来的连年征战，给人民造成了巨大的灾难；在艺术上也很突出，诗人自创乐府新题写时事，为中唐时期兴起的新乐府运动作出了开创性的贡献。

（一）周余黎民，靡有孑遗。

——《诗·大雅》

（二）北冥有鱼，其名为鲲，鲲之大不知其几千里也；化而为鸟，其名为鹏。鹏之背不知其几千里也，怒而飞，其翼若垂天之云。

——《庄子·逍遥游》

（三）力能排南山，文能绝地基。

——诸葛亮：《梁甫吟》[1]

（四）西北有高楼，上与浮云齐。

——《古诗十九首》

（五）君不见黄河之水天上来，奔流到海不复回；君不见高堂明镜悲白发，朝如青丝暮成雪。

——李白：《将进酒》[2]

（六）窗含西岭千秋雪，门泊东湖万里船。

——杜甫：《绝句》

（七）原来李逵但是上阵，便要脱膊，……被曾升一箭，腿上正着，身如泰山，倒在地上。

——《水浒》

（八）到了净慈寺，有十多里路，真乃五步一楼，十步一阁。

——《儒林外史》

❶《梁甫吟》：亦作《梁父吟》，是古代用作葬歌的一支民间曲调，音调悲切凄苦。古辞今已不传，宋郭茂倩所编《乐府诗集》收有诸葛亮所作一首，写春秋时齐相晏子“二桃杀三士”事，通过对死者的伤悼，谴责谗言害贤的阴谋。

❷《将进酒》：原是汉乐府短箫铙歌的曲调，题目意译即“劝酒歌”，内容大多咏唱饮酒放歌之事。在这首诗里，李白“借题发挥”，借酒浇愁，抒发自己的愤激情绪。

夸大的辞句普通以应用在诗赋里的为最多，那目的，是在加强文章的感人的力量，但在应用的时候，必须使读者明白这是感情上的夸张，并非事实，否则，那就等于实际上的说谎，和原意完全相背了。

★ 夸大的辞句普通以应用在诗赋里的为最多，那目的，是在加强文章的感人的力量。

不过铺张也不只限于夸大。电影里有所谓特写的镜头，普通的文章里，把某一事物特别提出，加以精细的描写的，也叫做特写，这也正是铺张的一种。一个细心的作者，常常把老年人脸上纵横的皱纹，哀伤者眼角流下的泪珠，出力地加以刻画、描写，通常小说里对于人物和自然，也往往采用这样的方法，例如：——

（一）一个是秃头，单是从耳根到后脑，生着一点头发。而且他和那伙友两样，总喜欢使身子在动弹。脸呢，颧骨是突出的，太阳穴这些地方却陷得很深。但下巴胡子却硬，看去好像向前翘起模样。小眼睛，活泼泼地，在阔大的额下闪闪地发光。在暗夜里，这就格外惹眼。上唇还有一点发红的小胡子，不过仅可以看得出来。

——S·玛拉式庚：《工人》

（二）这是一个瘦长子，面孔白净，五官摆得端端正正的，没有丝毫说头；只是留心不得，眼睛过细，嘴巴微微张开，以致使他随常带着一种神

气，好像他在幻想着一件十分恼人的事件一样。

——沙汀[1]：《防空——在堪察加的一角》

（三）挂着成了蛛网一般的红旗的竿子，突出在工厂的烟囱的乌黑的王冠里。那是春天时候，庆祝之日，在快乐的喊声和歌声的欢送中挂了起来的。这成为小小的血块，在苍穹中飘扬。从平野、树木、小小的村庄、烟霭中的小市街，都望得见。风将它撕破了，撕得粉碎了，并且将那碎片，运到被死寂的斜坡所截断的广漠里去了。

——N·略悉珂：《铁的静寂》

（四）铁栅的疏影，被夕阳的余光倒射在地上，好像画在地上的金红色的格子。

——郭源新：《黄公俊之最后》

（五）五月的熏风在田野巡游，麦穗沉颠颠俯下去又抬起来，汇成闪光的巨浪，一波一波地源源滚来。

——芦焚：《归客》

上面所写的人像（第一、二例）、旗帜（第三例）、栅影（第四例）、麦浪（第五例），都曾经过作者细心的刻画，正如电影里的特写一样，这些可以说是文章里的放大了的画面，我想，以事理论，也正是属于铺张的范围的。

[1] 沙汀（1904–1992）：现代著名作家，主要著作有长篇小说《困兽记》《还乡记》，短篇小说《在其香居茶馆里》《老邬》，中篇小说《木鱼山》等。

这些所谓放大了的画面，只要稍稍留心，在普通的文章里，常能找到。譬如关于王冕的记载吧，宋濂《王冕传》里的“及入城，戴大帽如簁[1]，穿曳地袍翩翩行，两袂[2]轩翥[3]，哗笑溢市中”，原也不算简略，但一到了吴敬梓的手里，可就更为放大，更为细致了。——

> 他便自造一顶极高的帽子，一件极阔的衣服，遇着花明柳媚的时节，把一乘牛车载了母亲，他便戴了高帽，穿了阔衣，执着鞭子，口里唱着歌曲，在乡村镇上以及湖边，到处顽耍。惹得乡下孩子们三五成群，跟着他笑，他也不放在意下。
>
> ——《儒林外史》

此外，我们如果把陈寿《三国志》[4]和罗贯中《三国演义》[5]，《大唐三藏取经诗话》[6]和《西游记》，百十五回本《水浒》和百二十回本《水浒》来对照一下，一定可以找到更好的例证。

不过，铺张——无论是夸大或特写，必须在适当的时候，才加应用，倘非必要，则吹吹捧捧的叙述，琐琐碎碎的描写，反足以减少文章的力量，不但破坏形式，而且损害内容。真所谓“以词害意”了。因为无论哪一种文章，首先，是必需避去拖沓累赘，以简

❶ 簁（shāi）：筛子。

❷ 袂（mèi）：衣袖。

❸ 轩翥（zhù）：飞举的样子。

❹《三国志》：由西晋陈寿所著，是记载中国三国时代历史的断代史。

❺《三国演义》：全名为《三国志通俗演义》，元末明初小说家罗贯中所著，为中国第一部长篇章回体历史演义小说，中国古典四大名著之一，历史演义小说的经典之作。

❻《大唐三藏取经诗话》：又名《大唐三藏法师取经记》。说经话本。作者不详，世多以为宋刊，鲁迅认为作者或为元人。叙述唐玄奘取经故事，略具明代小说《西游记》的雏形。

洁为出发点的。

这也就是我们还得讲究省略的缘故。

文章作法上的所谓剪裁，原是一种削去蔓冗，调整句法的工作，和我们这里所讲的省略，并无不同。所以在意义上，省略也正是使句子洁净的办法，最普通的如：——

★ 文章作法上的所谓剪裁，原是一种削去蔓冗，调整句法的工作，和我们这里所讲的省略，并无不同。

（一）寺钟悲哀地发了响，太阳如紫色的船，沉到金色的海里去。寒蝉一见这，便凄凉地哭起来了。

——爱罗先珂：《池边》

（二）虽然没有进步，也未必有如我所感的悲凉。

——鲁迅：《故乡》

（三）“小鸡总还是和小鸡玩耍好，而小鸭便去和小鸭。”

——爱罗先珂：《小鸡的悲剧》

上面这三个例子里，（一）“寒蝉一见这”下面省去了“光景”；（二）“也未必有如我所感的”下面省去了“情形”；（三）“而小鸭便去和小鸭”下面省去了“玩耍”，这些都只是字面上的省略，在意义上，却并不缺少什么。同样的例子我们也常从书信上找到，比如：

（一）但值登高，西南引领，即怅然终日，近稍能饮酒，终日可饮十五银盏，他日粗可奉陪于瑞草桥路上，放歌倒载也。

——苏东坡：《与王庆源书》

（二）别来从句读中暗度春光，不知门外有酒杯花事，每忆祇园昙观，草绿鸟啼，追随杖履之后，笑言款洽，如此佳况，忽落梦境矣。

——陈继儒[1]：《与王元美书》

这里最为明显的，是省去了关系之间的称谓词，因为书信的读者只有一个，所有的话都是对收信人说的，多加称呼，只不过浪费笔墨而已。所以古来名家，草翰用句，对于不必要的称兄道弟，统统省脱，而叙述之隶属自明。即如上面第一例，倘加称谓，至少可以放上好几个“兄”“弟”的字样，变为：——

弟但值登高，西南引领，即怅然终日，弟近稍能饮酒，终日可饮十五银盏，他日弟粗可奉陪兄于瑞草桥路上，与兄放歌倒载也。

这样一来，不但字数增加，而且句子也反而累赘了，上面所说的还只是字面上的省略，同样地，在内容上，无论是所含的意思或是所叙的事件，也都有加以省略的，例如：——

[1] 陈继儒（1558-1639）：明代文学家、书画家。著有《妮古录》《陈眉公全集》《小窗幽记》。

（一）太祖军至濡须，彧[1]疾，留寿春，以忧薨[2]。时年五十，谥曰敬，明年，太祖遂为魏公矣。

——陈寿：《三国志·荀彧传》

（二）庭有枇杷树，吾妻死之年所手植也，今已亭亭如盖矣。

——归有光：《项脊轩志》

（三）表现得最分明的是电车上的卖票人，纯熟之后，他一面留心着可揩的客人，一面留心着突来的查票，眼光都练得像老鼠和老鹰的混合物一样。

——鲁迅：《揩油》

第一个例子里的"明年太祖遂为魏公矣"，是说荀彧一死，曹操就进爵魏公，可见荀彧不死，曹操做魏公还有顾忌，陈寿并不把这种意思明说出来，而语气十分明白，这是用暗示的方法，以达到意思的省略的；第二个例子里，借枇杷树的亭亭如盖，揭示死者已杳，而感慨无已，归有光并不曾把这种意思明说出来，而语气十分明白，这也是用暗示的方法，以达到意思的省略的；第三个例子里，就用大家所熟悉的老鼠和老鹰的眼光，来比拟电车上卖票人揩油时的神态，而读者也仿佛看到了那种"敏锐""尖利"的眼神，这回却

[1] 彧（yù）：即荀彧，东汉末年著名政治家、战略家。

[2] 薨（hōng）：古代称诸侯或有爵位的大官死去。

是用比拟的方法，以达到意思的省略了。至于事件的省略则更为简单，一篇文章里所叙述的事件，互有轻重，重要的需要详细描写，不重要的轻轻带过，或者竟不加叙述，例如：——

（一）他于是教书去了；大家也走散。

——鲁迅：《鸭的喜剧》

（二）于是我们走到街上，由西藏路口，走到永安公司，一切情形如我车上所见的。

——郑振铎[1]：《街血洗去后》

（三）一口气赶到老闸捕房的门前，我想参拜我们的伙伴的血迹，我想用舌头舔尽所有的血迹，咽入肚里。

——叶绍钧：《五月三十一日急雨中》

（四）予既为此志，后五年，予妻来归。

——归有光：《项脊轩志》

（五）及长，更历忧患，颠顿狼狈，奔走道途，忽忽已二十年。

——朱琦[2]：《北堂侍膳图记》

（六）七天之后是落葬的日期，合城很热闹。

——鲁迅：《铸剑》

（七）后来警报解除，我一个人先去“拖渡”

❶ 郑振铎（1898–1958）：现代著名作家、学者，代表作有《文学大纲》《佝偻集》《欧行日记》等。

❷ 朱琦（1803–1861）：清代文学家，岭西五大家之一，著有《怡志堂诗文集》。

上睡觉，也不管飞机会不会再来。

——巴金：《从广州出来》

（八）正是船抵香港的头一天，晚饭后，三三两两在闲谈着些不着边际的话。

——王统照[1]：《旅途》

（一）（二）（三）三个例子里的“他于是教书去了”“于是我们走到街上”“一切情形如我车上所见的”“一口气赶到老闸捕房的门前”，全都轻轻带过，不加细述；第四个例子到第八个例子里的“后五年”“及长”“七天之后”“后来”“晚饭后”，则是把事件割断，完全不加叙述地从前面跳到后面去。倘要咬文嚼字起来，以省略的程度论，则可以说前者是省，而后者却是略了。

总之，无论是铺张或是省略，都是一种调节文字的工作，在运用的时候，必须求其合乎分寸，这才可以免去铺张过甚时候的臃肿病，和省略太多时候的骨立症了。

[1] 王统照（1897–1957）：现代作家，代表作有《春雨之夜》《山雨》《春花》《一叶》等。

十三　怎样写会话

会话是文章的主要项目的一种，在叙述文里，常常少不了会话的穿插，有些还是通篇都用会话的。议论文、说明文、记述文、抒情文等，因为通常只是作者站在自己的立场上说话，文中的人物没有开口必要，所以用到会话的机会也很少。但是，倘使议论、说明、记述、抒情而又兼有叙述的性质，则也仍旧还有夹用会话或全用会话的，古代的如《论语》《孟子》《前赤壁赋》[1]等，新文学里如鲁迅的《狗的驳诘》《死火》《过客》，茅盾的《杂记一则》等，都是这一方面的例子。

就大体说，会话的形式有两种，一种是直接的，

❶《前赤壁赋》：宋神宗元丰五年（1082）苏轼贬谪黄州（今湖北黄冈）时所作的散文。因后来苏轼还写过一篇同题的赋，故称此篇为《前赤壁赋》，十月十五日写的那篇为《后赤壁赋》。

例如：——

> “是从哪里来的呀？”她问道。
>
> “火线上。”
>
> “你怎么啦？”
>
> “挂彩了。”
>
> ——芦焚：《无名氏》

还有一种是间接的，例如：——

> ……后来我也在临时市场里走了一转，正想吃一碗红薯汤，广东朋友忽然跑进来找我，说飞机要来了，站长叫乘客们往各处躲避一下。
>
> ——巴金：《从广州到乐昌》

这里的“广东朋友跑进来找我，说飞机要来了”，本是一段直接的会话，而“站长叫乘客们往各处躲避一下”，虽自“广东朋友”的口里说出，原来也当然是一段直接的会话，不过一经作者转述，终于由直接的变为间接的，失去会话原有的语气和形式，和上下文调和起来，混成为一种口气了。

★ 在普通的会话里，直接语可以转成为间接语，间接语也可以转成为直接语，主要的是随着需要来决定。

在普通的会话里，直接语可以转成为间接语，间接语也可以转成为直接语，主要的是随着需要来决定。下面这两段文章，虽然会话的语气有直接和间接的分别，但意义却是完全一般的：——

（一）我也不动，研究他们如何摆布我；知道他们一定不肯放松。果然！我大哥引了一个老头子，慢慢走来；他满眼凶光，怕我看出，只是低头向着地，从眼镜横边暗暗看我。大哥说："今天你仿佛很好。"我说："是的。"大哥说："今天请何先生来，给你诊一诊。"我说："可以！"其实我岂不知道这老头子是刽子手扮的！无非借了看脉这名目，揣一揣肥瘠：因这功劳，也分一片肉吃。

——鲁迅：《狂人日记》❶

❶《狂人日记》：鲁迅的一篇短篇小说，收录在鲁迅的短篇小说集《呐喊》中。它也是中国第一部现代白话文小说。首发于1918年5月4日4卷5号《新青年》月刊。内容大致上是以一个"狂人"的所见所闻，指出中国文化的朽坏。

（二）我也不动，研究他们如何摆布我；知道他们一定不肯放松。果然！我大哥引了一个老头子，慢慢走来；他满眼凶光，怕我看出，只是低头向着地，从眼镜横边暗暗看我。大哥说我今天仿佛很好，我说是的，他又告诉我今天请何先生来给我诊一诊；我答应了。其实我岂不知道这老头子是刽子手扮的！无非借了看脉这名目，揣一揣肥瘠：因这功劳，也分一片肉吃。

大抵不需要特写的场面，宜于用间接会话来叙述，倘要仔细描写，这就非用直接会话不可了。所以通常的所谓会话，是专指直接会话的，间接会话完全和普通的叙述文一样，没有特殊的形式，不必另行讨论。因此下面所要谈及的，也就偏于直接会话的一面。

从会话的人数来看，直接会话又有独白、对话以

及多人（两个人以上）会话等等的分别。独白是没有听话的对手，自己对自己说话，也就是旧小说里的所谓“自言自语”。按照常例，以应用在戏剧里的为最多。中国旧戏里，当一个角色上场的时候，首先得自报姓名和籍贯，戏曲里多有这样的例子，如：——

（生巾服上）吐凤惭称八斗才，寻诗曾上越王台；海潮欲斗霜毫健，为沐韩苏教泽来！小生阳曰旦，字伯明，琼州人也。家传《诗》《礼》，名列胶庠，黄绢词新，灿烂盈囊锦绣；青灯功苦，折磨利市襕衫，负笈担簦，四方有志，乘风破浪，万里轻游，昨以访寻故旧，来至雷州，游眺数月，归兴忽来，已与同里袭吴两君相约，托其代觅归舟，挈伴回里，想必便有回话也。

——《神山引曲》

以情理论，一个人决不会对着空间，自报姓名，大讲其生平事迹的，除非这个人是痴子。所以，新型的戏剧里，大都把这种地方设法避去，竭力保持着表现的真实性。但因为戏剧不能全靠侧面描写来烘托出人物的性格，一到故事限制了人数，动作又趋于窘迫时，只得仍旧利用独白，例如普式庚[1]的《奥涅庚》里，当奥涅庚接到泰蒂娜的信，计划着怎样回答的时候，就有一段冗长的独白。这原是不得已的办法，普

[1] 普式庚：即普希金（1799—1837），19世纪俄国著名的文学家，被誉为“俄国文学之父”，代表作有《叶甫根尼·奥涅金》《鲍里斯·戈都诺夫》《黑桃皇后》等。

通的叙述文里，是不会有的。

不过在日常生活里，我们也不能说绝对没有独白，独白是有的，不过比较简短，并不冗长而已。在郁闷的时候也会有一声叹息，在痛苦的时候也会有几句呻吟，不满意于某人或某事的时候，则又有背地里的唠叨。

这些都是独白的现成的例子。

★ 多人会话里因为人物较多，更须注意说话时的次序和条理、语法和口气、动作和姿势。

对话和多人会话都有听话的对象，在性质上并无什么不同，写法也是完全一律的，不过多人会话里因为人物较多，更须注意说话时的次序和条理、语法和口气、动作和姿势，等等，因此也必须加上较多的说明，例如：——

> ……旅长瞪着两只闪出凶光的眼珠在眼眶里转了两转，喝声：
>
> “走！”
>
> 马上站起，大声喊道：
>
> “马弁！”
>
> 太太一把将他的手拉住：
>
> “唉，天呀！你要哪里去呀！”
>
> 旅长把她的手一甩，喝声：
>
> “你别管我！”
>
> 太太仰身倒在床上，就哭起来了。张副官赶快

拿手拦住旅长道：

“旅长！去不得！不好太去冒险吧？是吧？”

赵军需官也在旁拦住：

“请旅长考虑考虑一下！旅长应该保重身体要紧！旅长这样的年纪了，犯不上去冒这样的危险！重要的是先想一个办法！”

这几句话，石头似的打在旅长的心上。

旅长顿了一脚，叹口气道：

“唉！我的大势去矣！”

太太更加大声抽搐起来。…

——周文[1]：《烟苗季》

这里是四个人在谈话，每一句话都加了说明，一方面固然是要表出谈话者的动作和姿势，另一方面，则是要指明这说话者是谁，免得彼此混淆。这在多人会话里是必要的，倘是两个人对话，除了不可少的动作的表明外，就不必再用“甲说”“乙说”来指出谁在说话了，例如：——

“阿梅，这时候我要出去一下，——”

“这么早就出去？”

“你不要多问，回头到七点钟不要忘记，把五小姐叫起来，我大半八点钟就回来的。”

“是，小姐。”

“你不要东跑西跑，提防太太会叫你。”

[1] 周文（1907–1952）：现代作家，曾任“左联”党团成员，并从事创作。曾将苏联著名小说《毁灭》《铁流》改编成通俗本，得到鲁迅的赞许。

“我知道，大小姐。”

——靳以[1]：《前夕》

上面是两个人的应对，看语气，就可以知道一、三、五是所谓大小姐说的，二、四、六是一个叫做阿梅的丫头的对话，一来一往，并无第三个人在插嘴，所以也就无须再加说明了。

会话里加入说明，有三种不同的方式，一种加在前面，一种加在后面，还有一种插入中间，例如：——

（一）刘波用他的黏带着尘土的手把那只柔软的手紧紧捏着，笑问道：“你到哪里去了？”

（二）“文淑，你不要误会我，我真正在夸奖你。”刘波连忙分辩道。

（三）“不，不，”文淑接连地摇摆着头，装着生气的样子说，“我晓得你们都看轻我，你们都说我是小姐。……”

——巴金：《火》

按照中国的老例，说明是必须加在会话前面的，刘半农[2]在《中国文法通论》里，对于后两种就加以讽刺，认为不必要。他反对欧化。不错，这确是欧化的句法，为了使中国语法精密起见，采用一些，却也不能算作崇洋心理的表现。然而为什么是精密的呢？

[1] 靳以（1909–1959）：现代著名作家，代表作有《血与火花》《热情的赞歌》《洪流》等。

[2] 刘半农（1891–1934）：现代著名语言学家，代表作有《半农杂文》《扬鞭集》《瓦釜集》《中国文法通论》《四声实验录》等。

这理由很简单。中间前后，变化应用，就文章的形式说，可以免去“子曰：学而时习之”“子曰：为政以德”“子曰：里仁为美”或者“宋江道，……”“张顺道，……”“李逵道，……”等等刻板的公式，展开绚烂多彩的场面；就事实说，也可以区别时间的先后，使动作和语言合拍。譬如上面第二个例子里，先写出所说的话，再加说明，以示刘波的分辩，是紧接着对方的嗔怪的；第三个例子里，把说明夹在中间，以示文淑说着“不，不，”的时候，摇着头，再说下去，到了“我晓得你们都看轻我，你们都说我是小姐……”以下，却只装着生气的样子，不再摇头了。这里，动作和语言是互相呼应的。说明的适当的安插，往往可以使动作更趋于真实，而会话的本身也就格外生动了。

★ 说明的适当的安插，往往可以使动作更趋于真实，而会话的本身也就格外生动了。

但是，单单讲究这些，是不够的，一面还得注意会话的用语。高尔基在《我的文学修养》里，提起法国作家在小说里所写的会话，他说：“我总是叹服着从巴尔扎克起，以至一切法国人的用会话来描写人物的巧妙，把所描写的人物的会话，写得活泼泼地好像耳闻一般的手段，以及那对话的完全。”其实，这种用会话来描写人物的手段，原为世界著名作家所常用，不仅法国如此的，中国旧小说如《水浒传》《红楼梦》之类，也以用会话刻画人物出名，其中尤以《水浒传》为巧妙。金圣叹[1]说《水浒传》写一百零八个人性格，便有一百零八种样子，而且“一样人便还他一样说话”，这不免夸张了一点。但主要人物如李逵、武松、鲁智深、林冲、吴用、杨志、宋江等，个性是非常分明的，因此讲话的口气，彼此也颇为不同。例如下面这段会话里，就刻出了三种不相类似的个性：——

> 宋江让鲁智深坐地。鲁智深道：“久闻阿哥大名，无缘不曾拜会，今日且喜认得阿哥！”宋江答道：“不才何足道哉！江湖上义士，甚称吾师清德，今日得识慈颜，平生甚幸！”杨志起身再拜道：“杨志旧日经过梁山泊，多蒙山寨重义相留，惟是洒家愚迷，不曾肯住，今日幸得义士壮观山寨，此是天下第一好事。”宋江答道：“制使威名，播于江湖，只恨宋江相见太晚。”

鲁智深是直遂阔大；宋江是谦卑权变；杨志于爽豁中带着文秀。金圣叹说他有富家子弟的体统，我想，是确凿的。这种见面时的应酬语，已经有着这样不同的意味，别的地方自然更为精辟了。又如卢俊义捉住了史文恭，宋江要依照晁盖遗言，立卢俊义为山寨之主，众兄弟不服，于是就有下面这一段力争的文章：——

[1] 金圣叹：明末清初人，著名的文学家、文学批评家。金圣叹的主要成就在于文学批评，对《水浒传》《西厢记》《左传》等书都有评点。

……只见黑旋风李逵大叫道："我在江州，舍身拚命，跟将你来，众人都饶让你一步。我自天也不怕！你只管让来让去，假甚鸟！我便杀将起来，各自散伙！"武松见吴用以目示人，也上前叫道："哥哥手下许多军官，都是受过朝廷诰命的，他只让哥哥，如何肯从别人！"刘唐便道："我们起初七个上山，那时便有让哥哥为尊之意，今日却让后来人！"鲁智深大叫道："若还兄长要许多礼数，洒家们各自撒开！"……

这四个人，都是以率直鲁莽见称的，但看他们的说话，则这率直鲁莽的程度，却又各各不同。金圣叹在每一段话的下面，都批着："妙！妙！天生是××语！"不错，仔细读来，各人的语言，的确是完全合于各人的个性，彼此不能掉换的。

新文学家里面，以会话描写人物，较为成功的，是茅盾[1]和张天翼。手头有一本茅盾翻译的《桃园》，其中写会话颇多独到之处，然而那可是弱小民族作家的作品。例如匈牙利作家F·莫尔奈的《马额的羽饰》，完全是用对话织成的，写小女儿对于生死的无知，真有栩栩欲活的神情：——

琼尼（低声）：嘘！彼得！

彼得（并不转过头去）：你么，琼尼？走进来。

[1] 茅盾（1896–1981）：中国现代著名作家、文学评论家、文化活动家以及社会活动家，五四新文化运动先驱者之一，我国革命文艺奠基人之一。

琼尼（走近病榻[1]，低语着）：嗳，彼得，我可听见医生说的什么？他说你要死了。

彼得：不骗我？

琼尼：骗你不是人。他说你就要死了……彼得，你那铜球和那会走的陀螺给了我好么？

彼得：我不能够，可是我可以把口琴给你。

琼尼：为什么你不能够？假如你死了，那不是一样……

彼得：一样的，我不能给你，我自己要。（想了一会）并且，我还不想死呢。

琼尼（劝诱状）：医生说你要死的，我告诉你，并且你的母亲哭了。

彼得：母亲哭了？

琼尼：自然哭的。你的父亲也哭。可是那医生不哭……说能吧，给我那个铜球……反正你也是拾来的。

彼得：就算是拾来的那一样的是我的东西。谁拾的谁得！（漠然）那是什么意思……你几时死呢，琼尼？

琼尼（想了一想）：我不知道。（忽然像感触了灵机，傲然道）我的祖父去年死了。

在《公安局里》，克罗地作家伊凡·克尔尼克又替我们画下了一个这样的典型：——

[1] 病榻：病床。

局长孚尔鲍伐克的满腔怒气一齐发作，破口大骂道：

“不许你多嘴！你这下流的畜生一样的囚犯！你倒老早想好了在本局长跟前狡赖么，你老婆的背脊还在那里痛呢！”

“我请求您明察，——”

“还不给我闭了你这张乌嘴！休想撒谎，你没有碰过你的老婆！她天天给你做工，做你的奴隶，她的手上全起了泡，她给你享福。你倒打她！你不和她亲嘴，你倒打她，——哼，你应该吻她那双做起了泡的手才是！在咱们美丽的克罗地境界里竟有伸手打老婆的男子汉，这真是国耻！真是国耻！”

“求你——”

“本局长在这里说话，你还敢多嘴！”玛底邪·孚尔鲍伐克怒极了，砰的一声拍着桌子。“你想狡赖么？呵？你好大胆呵！你看他！”玛底邪转脸对着书记官，“不去吻他老婆那双做起泡的手，反倒打她！这么一个家伙还算得是人么？还不是囚犯，还不是该死的贼囚犯么？”

这些会话的生动，主要的是因为用语的确当。让书中的人物说怎样的话，这是作者亟应注意的问题。首先，我以为是要适合各人的口吻，因为孩子有孩子的语汇，老爷有老爷的语汇，从年龄、阶级、地

★ 让书中的人物说怎样的话，这是作者亟应注意的问题。

域、性别、时代、身份、职业乃至性格，都是各不相同的。旧时一个种田人的口里，决不会有“宗旨”“目的”“生产”“消费”等等的字眼，一个村学究的口里，决不会有“下意识”“死亡率”“相对性”“绝对性”等等的字眼；南方话和北方话不一样，古代语和现代语不一样；“杀千刀”固然不会和“他妈的”联盟；“格倒难弄呱”和“乃遭犯关来”又颇为不同；更何况流氓有切口，老爷有官话，读书人有“之乎者也”！而且一面也还得注意发音的不同：——

> “伊和希珂先，没有了，虾蟆的儿子。”傍晚时候，孩子们一见他回来，最小的一个便赶紧说。
>
> ——鲁迅：《鸭的喜剧》

“伊和希珂先”其实是称“爱罗先珂先生”，因为孩子年幼，发音不准，终于说成这个样子了。还有：——

> “这这些些都是费话，”又一个学者吃吃地说，立刻把鼻子胀得通红。“你们是受了谣言的骗的。其实并没有所谓禹，‘禹’是一条虫，虫虫会治水的吗？我看鲧也没有的，‘鲧’是一条鱼，鱼鱼会治水水水的吗？”他说到这里，把两脚一蹬，显得非常用劲。
>
> ——鲁迅：《理水》[1]

[1]《理水》：出自《故事新编》。《故事新编》是鲁迅先生以远古神话和历史传说为题材而写就的短篇小说集，包括他在不同时期所写的8篇作品。《理水》取自古代大禹治水的故事，对大员、学者们进行了古今杂糅的描写。

“这这些些”“虫虫”“鱼鱼”“水水水”等，都是按照口语写下的，因为那说话的是一个口吃的学者。诸如此类的变化，在会话里多得很，真是说不清，讲不完的。

然而初学写作者也正不用担心。只要不断地学习，细心地向大众的口头听取，记住，分析，比较，删除了不必要的空话，把最足以代表一个人个性的语言储集起来，分类记录，积久就能够应用，而且，这样一来，无疑地，是会适合各人的口吻，描摹出不同的个性来的。

★ 把最足以代表一个人个性的语言储集起来，分类记录，积久就能够应用。

十四　所谓“文气”

古文家有所谓文气[1]，也叫做气势，至今老先生们在论文的时候，还有“气充词沛”“气盛言宜”“浩荡磅礴”“条达酣畅”等等的评语，有些人甚而至于说“气势纵横，笔力足以辟易千人！”足见那力量的宏大，以及气势的被重视了。唐宋古文家如韩愈、柳宗元、李翱、苏洵、苏轼等辈，都是很讲究气势的，刘禹锡称道柳宗元的文章，说他以“气为干，文为支”；韩愈论文，也以为“气盛而言之，高下皆宜”。他们简直把气势看做文章的生命。侯方域说：“秦以前之文主骨，汉以后之文主气”，这确是实在的情形。

然而这转变是怎样来的呢？

[1] 文气：指文章所体现的作者的精神气质。

现在试读周朝的文章，大都简短、朴炼，不常看到虚字，真有点风骨嶙峋的样子，到了战国，辩士辈出，这些纵横家大都善于嚼舌，说话的技巧逐渐进步，因而影响到文章的写法：层次的分明和转折的加多，从此虚字也就交起好运来。所谓“吾善养吾浩然之气”，《孟子》一书，可以作为这时候的文体的代表。其后屈原胸怀不平，所作的文章也就波澜起伏，论气势，是颇为旺盛的，这就是后来的楚声的发端。但正式提出讲究文气的主张，却在汉末魏初的时候。

汉魏之间，讲究文气最力的，是曹丕[1]。他在《典论论文》里，特别提到文章的气势，说道：“文以气为主。气之清浊有体，不可力强而致，譬诸音乐，曲度虽均，节奏同检。至于引气不齐，巧拙有素，虽在父兄，不能以移子弟。”他既主张诗赋不必寓教训，又把文气看得天生似的，恁地自然，所以鲁迅说他是为艺术而艺术的一派，这见解很不错。不过就文论文，魏晋文章的所以能够抑扬有致，曹氏父子的功劳，是不能抹煞的。

然而照曹丕说来，“气之清浊有体，不可力强而致”“巧拙有素，虽在父兄，不能以移子弟”，才分注定，连最足以影响我们，最为我们敬爱的爸爸哥哥，

[1] 曹丕（187–226）：三国时期著名的政治家、文学家，曹魏的开国皇帝。著有《典论》，当中的《论文》是中国文学史上第一部有系统的文学批评专论作品。

也都没有法子想。则所谓文气这东西，岂不是太过神秘了么？仔细想想，其实是并不尽然的。我们决不会相信文曲星之类的胡说，因此也并无注定的才分，无论哪种东西，都可以学得，由学习而了解，而进步，而成功。

不过首先应该明白什么叫文气。

中国的所谓气，大都不可捉摸，但是，文气虽然不像氢气氧气那样有实例可证，却也并不像理学上和医学上所讲似的玄妙，我想，倘能说得具体一点，举出例子，实在也易见分晓，不至于和丈二和尚打做一路，摸不着头脑的。然则究竟什么是文气呢？我们知道，一个句子的构成，或长或短，或张或弛，彼此是并不一律的，因此读起来的时候，我们从这些句子所得到的感觉，以及读出来的声音，也就有高低，有强弱，有缓急，抑扬顿挫，这就是所谓文气了。

★ 标点是传达说话时的语气的，所以，从标点上，往往可以看出文章的气势来。

这里，我们且先来看看句子对于文气的关系。

标点是传达说话时的语气的，所以，从标点上，往往可以看出文章的气势来。大抵用句号则声音由高而低，文气也就由扬转抑；用疑问号和感叹号则尾音较高，文气也就由抑转扬。一篇文章里的句子，决不能全用疑问号和感叹号，也决不能全用句号，参杂应

用，使文章抑扬有度，读起来不单顺口，而且悦耳、应心，这才算做上乘的作品。于此，我们可以知道文气的跌宕，其实是根源于声调的转动的。

但是，一面也有关于句法的变化。

就长短说，大抵句短则气促，句长则气和。就张弛说，大抵句张则气势紧凑，句弛则气势松懈。凡属较长的句子，在顿逗处意义即已完备，随时可以截断的，是弛句，读起来费时较多，气势也就松懈，例如：——

> 房东太太从楼下跑上来，慌慌张张地告诉他们，说衖堂里已经有人连夜搬了家，警察并不阻止，看来情形恐怕不大好，她也想暂时到租界上去避一避风头，问他们怎么样。
>
> ——柯灵[1]:《乐土》

这里，在“来”“家”“止”“好”“头”各字上，都可以停止，把逗号改做句号，在意义上也能独立。倘是张句，这就非一口气读完全句不可了，例如：——

> 和往常一样，当我和母亲打着黄昏的石路从码头上回到家里来的时候，一踏进矮小而积尘的门框，便又瞧见父亲在屋的角落里动颤着手脚在编织

[1] 柯灵（1909—2000）：现代电影理论家、剧作家、评论家。出版有《柯灵散文选》《柯灵六十年文选》《长相思》《香雪海》等。

竹篮或鸡笼。

——碧野[1]：《夜航》

上面这个句子，必须从头读完，才能明白所含的意义，这就是张句的例子。按照通常的习惯，凡属意义相类，调子相似的排句，都属于张句的范围，文气因此也较为旺盛。但是，我们决不能从松懈和紧凑上来区别文章的好坏，句子的或张或弛，文气的或盛或迂，完全是随着事实的需要的。

在下面这一篇文章里，我们将看到盛迂两面的实例：——

> 秦王使人谓安陵君曰："寡人欲以五百里之地易安陵，安陵君其许寡人？"安陵君曰："大王加惠，以大易小，甚善。虽然，受地于先王，愿终守之，勿敢易。"秦王不说。（以上平叙）安陵君因使唐雎使于秦。（平叙）秦王谓唐雎曰："寡人以五百里之地易安陵，安陵君不听寡人，何也？（略急）且秦灭韩亡魏，而君以五十里之地存者，以君为长者，故不措意也。今吾以十倍之地，请广于君，（平叙）而君逆寡人者，轻寡人欤！（转强）"唐雎对曰："否，（强）非若是也！（强而缓）安陵君受地于先王而守之，虽千里不敢易也，岂直五百里哉！（强）"秦王怫然怒，谓唐雎曰："公亦尝闻天

[1] 碧野（1916–2008）：现代作家、散文家，著有散文集《在哈萨克牧场》《情满青山》《月亮湖》和《碧野散文选》等。

子之怒乎？（高而急）”唐雎对曰：“臣未尝闻也。（缓接，低平）”秦王曰：“天子之怒，伏尸百万，流血千里。（高而强）”唐雎曰：“大王尝闻布衣之怒乎？（低平）”秦王曰：“布衣之怒，亦免冠徒跣，以头抢地耳。（低平）”唐雎曰：“此庸夫之怒也，非士之怒也，（平而急）夫专诸之刺王僚也，彗星袭月；（平而急）聂政之刺韩傀也，白虹贯日；（平而急）要离之刺庆忌也，苍鹰击于殿上。（平而急）此三子者，皆布衣之士也，怀怒未发，休祲降于天，（平）与臣而将四矣！（高极，强极，急极）若士必怒，伏尸二人，流血五步，（平而急）天下缟素，今日是也！（高极，强极，急极）”挺剑而起，（急）秦王色挠，长跪而谢之曰：（平叙）“先生坐！（平弱）何至于此！（平弱）寡人喻矣！（平弱）夫韩魏灭亡，而安陵以五十里之地存者，徒以有先生也！（平弱）”

——《战国策·唐雎不辱使命》[1]

这一段文章里，文气的抑扬疾徐，是十分明显的。而且也合于事实的需要。中间的对照和急转，尤为出色。秦王说的“公亦尝闻天子之怒乎！”高亢急疾，完全是盛怒的天子的口吻，而唐雎的答语“臣未尝闻也”，偏偏缓缓接上，真是从容得很！其后唐雎历数三个刺客的故事，平铺急叙，到了“与臣而将四矣”，突

❶ 本文选自《战国策·魏策四》，题目是后人加的。唐雎，是安陵国的臣子。安陵是附属于魏国的一个小国，安陵君原是魏襄王的弟弟。公元前225年，即秦始皇二十二年，秦国灭掉魏国之后，想以“易地”之名占领安陵，安陵君派唐雎出使秦国。唐雎折服秦王，出色地完成了使命，保存了安陵。

然转到顶点，像一个迅雷，高极，强极，急极。形式配合着内容，在这里，细细吟味，就可知道上面那篇文章——推而至于无论哪篇文章的字里行间，实在是充塞着所谓文气的。

再如，在下面这阕词里，也有着同样的情形：——

> 怒发冲冠，凭栏处潇潇雨歇。抬望眼，仰天长啸，壮怀激烈。三十功名尘与土，八千里路云和月。莫等闲白了少年头，空悲切！ 靖康耻，犹未雪；臣子恨，何时灭！驾长车踏破贺兰山缺。壮志饥餐胡虏肉，笑谈渴饮匈奴血。待从头收拾旧山河，朝天阙。
>
> ——岳飞：《满江红》

这一阕词，正合于古语的所谓“悲歌慷慨”，在情调上，是壮烈的，所以通篇气势，如骤风急雨，十分紧凑。第一句“怒发冲冠”，陡然而来，第二句“凭栏处潇潇雨歇”，却轻轻接上，一张一弛，借眼前凄清冷落的景色，来加强胸中的悲愤，以文气论，可以说是曲尽蓬勃之致的。此外如秦少游[1]《生查子》里的“月色忽飞来，花影和帘卷”，上句急促，下句迂缓，也有着同样的气度。

古文家里面，文章的气势最为汪洋排荡的，是韩

[1] 秦少游：即秦观（1049—1100），北宋后期著名婉约派词人，代表作有《淮海集》《鹊桥仙》等。

退之[1]和苏东坡。据金圣叹说，明末清初的时候有一句话，说韩退之的文章像海，苏东坡的文章像潮，几乎成了两人的定评。这种见解，我想，也是着眼于韩苏文章的气势的。韩文如《原道》《应科目与时人书》，苏文如《战国任侠论》《潮州韩文公庙碑》等，都饶于气势，其中尤以《潮州韩文公庙碑》为有名，王懋公说它奇气“横布万世”，历代的文评家也一致推崇，可见文气是十分旺盛的了。但所以如此的缘故，其实不过在文章里多用调子相似的排句。在句子里多用前后呼应的虚字——就是现在的所谓接续词，使文气连贯，波澜增加，看起来十分壮观而已。

然而单靠看，这种波澜是看不出来的，前人的所谓“浩浩荡荡”“洋洋洒洒”，都是念诵时候的感觉，无论文言白话，除了看之外，我们还得下一点读的功夫。从前私塾里的教育方法，最重要的就是读，教师对学生不讲文法，不作解释，教会了字音，只是让他们一味死读，从《千字文》《百家姓》《幼学琼林》[2]到《四书》《五经》一直读下去，读得多了，偶然也给讲一点文义，文法是莫名其妙的，可是记住了一定的格套，久而久之，居然也有读通的人物。到了现在，这种捉迷藏式的教育方法，早经淘汰，然而读的功夫的

[1] 韩退之：即韩愈（768-824），唐代文学家、哲学家、思想家。

[2]《幼学琼林》：中国古代儿童的启蒙读物。作者程允升，《幼学琼林》初为明人登吉编著，本名《幼学须知》，又称《成语考》《故事寻源》，清人邹圣脉作了增补，改名为《幼学琼林》，也叫《幼学故事琼林》。

重要，却不能不郑重地加以提出。因为字句上的有些好处和毛病，是读得出，却看不出的。我想，即使白话文不便于朗诵，但在文气的调理上，至少也得做到默诵的地步。

对于初学写作者，这功夫尤为必要。

为了理解别人的文章，我们需要默诵；为了修改自己的文章，我们也需要默诵。鲁迅说过，他在写好一篇文章之后，总要复阅好几遍，“自己觉得拗口的，就增删几个字，一定要它读得顺口”，这所谓“顺口”，我以为也是专指气势的。

苏联文学顾问委员会《给初学写作者的一封信》[1]里，讲到作家们修改自己文章的故事，那里面说：——

> 托尔斯泰把杂谈哥萨克写了十余年，这个作品的各种草稿有五百余页。大家都知道，托尔斯泰把《战争与和平》曾改写了七次。列蒙托夫一行都不苟且，写一行要改好几次，契诃夫曾说：“稿子要让它躺下医治。”刚查罗夫当时说道：“我的写奥布莫洛夫，犹如斗牛一样。”刚氏的这部小说写了十年。

虽然这修改未必一定为了文气，然而使句子顺口，词儿通达，毕竟还是属于气势的范围。著名的作家尚

❶《给初学写作者的一封信》：苏联文学顾问委员会著，张仲实译，大连中苏友好协会出版（1946年6月）。

且如此，初学写作者当然更应该谨慎将事，再三默诵，使文章的气势强弱合度，缓急适宜，这才是作文的主要的门径。